Aprende a Desarrollar e Implantar una Aplicación Web con Python-Flask y MySQL

Creando una Aplicación Web para Gestión de Eventos

Kepa Xabier Bengoetxea Kortazar

Prólogo

Este libro surge de la necesidad de tener un ejemplo completo que incluya tanto el desarrollo como la implantación de una Aplicación Web en Python utilizando las librerías de Flask y la base de datos MySQL. El libro está estructurado en 2 secciones. En la primera sección se explica paso a paso todo lo necesario para desarrollar una Aplicación Web utilizando Python-Flask con base de datos MySQL. Y en la segunda sección se explica paso a paso todo lo necesario para su implantación en producción utilizando un Servidor de Aplicaciones Gunicorn y un Servidor Web Nginx en un servidor Ubuntu desde un punto de vista funcional y práctico utilizando la línea de comandos.

Objetivos del libro

Una vez leído este libro y terminado el proyecto, serás capaz de desarrollar y administrar un proyecto web en un servidor basado en un sistema operativo Ubuntu/Debian desde la línea de comandos. Y más concretamente serás capaz de:
-Desarrollar de una Aplicación Web en Python utilizando las librerías de Flask y MySQL desde cero
-Gestionar los permisos de los ficheros y carpetas
-Instalar y gestionar los servicios web y aplicaciones
-Implantar una Aplicación Web en producción en un servidor Ubuntu/Debian desde cero
-Gestionar los errores analizando los mensajes(logs) que generan los diferentes servicios: Flask, Gunicorn y Nginx

Agradecimientos

Soy Kepa, y en primer lugar quiero agradecer a la Universidad del País Vasco y a la sección de Bilbao del Departamento Lenguajes y Sistemas Informáticos que me ha dado la oportunidad de profundizar en el conocimiento. A mi esposa Estibalitz y a mis dos hijas Itxaso y Ainhize por apoyarme en todo momento, y a mis padres Miren y Pedro por enseñarme el camino del esfuerzo y trabajo necesarios para sacar cualquier deseo. Por último, agradecer a los compañeros de trabajo por apoyarme en este y otros caminos de investigación. Eskerrik asko guztioi!

Conocimientos previos

¿Cómo gestionar ubuntu desde la línea de comandos?

Para desarrollar e implantar esta aplicación web, necesitará un usuario con privilegios sudo en un servidor Ubuntu. También necesitará estar familiarizado con un entorno de terminal, puede encontrar un libro útil en Amazon como "Gestionando Ubuntu desde la línea de comandos: Con ejercicios prácticos resueltos".

Aprende a desarrollar e implantar tu propia aplicación web para eventos con Flask y MySQL

Descripción

Vamos a aprender a desarrollar e implantar una aplicación Web en Flask-Python que utiliza como frontend un formulario que solicita la inserción del teléfono, nombre y apellido de un alumno para apuntarse a un evento. Al pulsar el botón de envío se enviarán los textos introducidos por el usuario al servidor. En la parte servidora o backend se recogerá el teléfono, nombre y apellido y se guardarán en una tabla clientes de una base de datos de mysql en el caso de que el teléfono no esté duplicado en la tabla clientes mostrando un mensaje de que la información ha sido guardada correctamente. En el caso de que el teléfono esté duplicado en la tabla clientes se mostrará un mensaje de error. Los pasos a seguir serán los siguientes:

1.- Se muestra un formulario 'index.html' en la que el cliente podrá registrar sus datos.

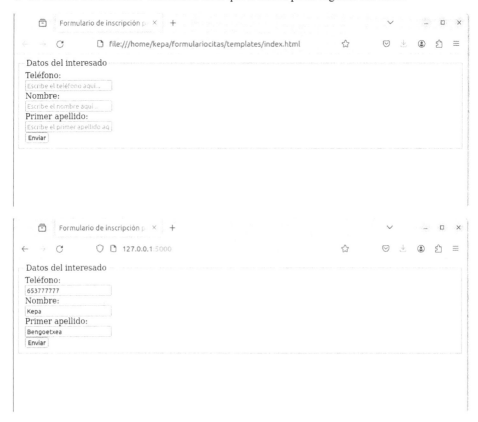

2.- Una vez introducidos los datos en el formulario, se enviarán a la parte servidora una vez pulsado el botón "Enviar" del formulario.

3.-En la parte servidora o backend se recogerán los datos y se guardarán en una base de datos mysql que llamaremos "invitados" y dentro de una tabla que llamaremos clientes. A la hora de introducir los datos únicamente se validará que el teléfono sea único, es decir, no esté repetido en la base de datos, mostrando un mensaje de que la información ha sido guardada correctamente mediante una plantilla html cuyo nombre será 'resultado.html':

En caso contrario, de que el teléfono introducido exista en la base de datos se mostrará un mensaje de error mediante la plantilla html cuyo nombre será 'resultado2.html':

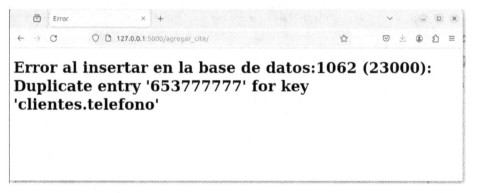

Vamos a dividir el proyecto en 2 secciones. En la primera sección se explica paso a paso todo lo necesario para desarrollar dicha aplicación web utilizando el microframework de Flask. Y en la segunda sección se explica paso a paso todo lo necesario para su implantación en un servidor de producción.

I Desarrollo de la aplicación

Conocimientos previos

A la hora de desarrollar e implantar cualquier aplicación web con Python-Flask, es necesario ser un usuario con privilegios sudo en un servidor Ubuntu. También necesitará estar familiarizado con un entorno de terminal. Para adquirir dichos conocimientos te recomiendo leer el libro "Gestionando Ubuntu desde la línea de comandos: Con ejercicios prácticos resueltos" que puedes encontrar en Amazon.

A la hora de programar con Python se explicará el código utilizado, con lo que no será necesario tener conocimientos previos en Python.

Introducción

Flask nos permite crear de una manera muy sencilla aplicaciones web con Python. Flask es un "micro" *framework* escrito en Python y concebido para facilitar el desarrollo de aplicaciones web bajo el patrón de arquitectura del software MVC (Model - View - Controller o Modelo - Vista - Controlador). La palabra "micro" no significa que sea un proyecto pequeño o que solo permite hacer páginas web pequeñas sino que al instalar Flask tenemos las herramientas necesarias para crear una aplicación web funcional pero si se necesita en algún momento una nueva funcionalidad hay un conjunto muy grande extensiones (plugins) que se pueden instalar con Flask que le van dotando de funcionalidad. El patrón MVC es una manera o una forma de trabajar que permite diferenciar y separar lo que es el modelo de datos (los datos que va a gestionar la aplicación que normalmente se guardan en una base de datos), la vista (página HTML) y el controlador (donde se gestiona las peticiones de la aplicación web). Los frameworks son herramientas que nos proporcionan un esquema de trabajo y una serie de utilidades y funciones que nos facilita y nos abstrae de la construcción de páginas web dinámicas. En general los frameworks están asociados a lenguajes de programación como Ruby on Rails para Ruby, Symphony para PHP, o Django y Flask para Python. Entre Flask y Django, Flask tiene una curva de aprendizaje más baja en la creación de aplicaciones web que Django.

Las ventajas de usar un framework son:

- Proporciona una estructura del proyecto, es decir, todas las aplicaciones que estén construidas con Flask van a tener los mismos elementos y los mismos ficheros.
- Facilita la colaboración.
- Es fácil encontrar bibliotecas adaptadas al framework.

En la wiki de Python, se muestra un listado con los distintos frameworks compatibles, se podrá ver que algunos de los de la lista dicen "full stack" que quiere decir que el framework cuando se instala por primera vez viene con numerosas funcionalidades o las tiene casi todas para hacer una aplicación web completa, por ejemplo, Django. Hay otros que no son "full stack" como por ejemplo Flask.

En este proyecto se utilizará Flask por las siguientes razones:

1. Flask es un "micro" framework que permite desarrollar una aplicación básica de una forma ágil y rápida.
2. Incluye un servidor web de desarrollo: No se necesita una infraestructura con un servidor web para probar las aplicaciones ya que incluye un servidor web para ir viendo los resultados que se van obteniendo.
3. Tiene un depurador y soporte integrado para pruebas unitarias: Si tenemos algún error en el código que se está construyendo se puede depurar ese error y se puede ver los valores de las variables. Además permite la posibilidad de integrar pruebas unitarias.
4. Es compatible con Python3.
5. Es compatible con WSGI (Web Server Gateway Interface). WSGI es el protocolo que utilizan los servidores web para servir las páginas web escritas en Python. Flask es

compatible 100% con este protocolo por lo que es fácil poner en producción en un servidor propio o externo.

6. Buen manejo de rutas: Cuando se trabaja con aplicaciones web hechas en Python se tiene el controlador que recibe todas las peticiones que hacen los clientes y se tiene que determinar a qué ruta está accediendo el cliente para ejecutar el código necesario. Flask tiene un manejo muy adecuado de estas rutas.
7. Soporta de manera nativa el uso de cookies seguras.
8. Se pueden usar sesiones.
9. Flask no tiene el mapeo objeto-relacional (más conocido por su nombre en inglés, Object-Relational mapping, o sus siglas O/RM, ORM, y O/R mapping) para crear modelos de bases de datos, pero se puede usar una extensión.
10. Sirve para construir servicios web (como APIs REST) o aplicaciones de contenido estático.
11. Flask es Open Source y está amparado bajo una licencia BSD.
12. Buena documentación(https://flask.palletsprojects.com/en/2.0.x/quickstart/), código de GitHub y lista de correos.
13. Utiliza plantillas Jinja2. Jinja2 es un motor de plantillas expresivo, rápido y extensible. Las plantillas tienen marcadores de posición especiales que permiten a los desarrolladores escribir código similar a la sintaxis de Python.

Flask viene con un servidor web sencillo para ejecutar nuestra aplicación en un entorno de desarrollo, lo que también significa que el depurador de Flask se ejecuta para hacer que sea más fácil ver los errores. Este servidor web de desarrollo no debería usarse en producción. Por defecto, el servidor web que viene con Flask está a la escucha en el puerto 5000 y sólo acepta peticiones de nuestro propio ordenador.

Una buena introducción a Flask la podemos buscar en la siguiente dirección https://flask-es.readthedocs.io/quickstart/
En este proyecto vamos a aprender a programar con Flask mediante ejemplos. El primer ejemplo es el típico "Hola mundo" y el segundo ejemplo va a ser el formulario del proyecto.

Primeros Pasos

Para desarrollar una aplicación de python en Ubuntu es necesario instalar y configurar ciertos paquetes:

¿Cómo se instala Python 3?
Ubuntu 22.04 y otras versiones de Debian Linux vienen con Python 3 preinstalado. Para asegurarnos de que las versiones estén actualizadas, se actualizará el sistema con el comando <apt>:

```
$sudo apt update
$sudo apt -y upgrade
$python3 -V
```

Para garantizar que se tiene una configuración sólida para el entorno de programación, se va a instalar algunos paquetes y herramientas de desarrollo:

```
sudo apt-get update
sudo apt install python3-dev build-essential libssl-dev libffi-dev python3-setuptools
sudo apt install python3-venv
```

Aprende a Desarrollar e Implantar una Aplicación Web con Python-Flask y MySQL

¿Cómo se instalan las librerías de python ?

Para administrar los paquetes de software para Python, una buena opción es instalar <pip>, una herramienta que instala y administra los paquetes de programación que se quieran instalar en los proyectos de desarrollo. PIP (acrónimo de "Pip Installs Packages" o "Pip Instala Paquetes" en español) es el administrador de paquetes de Python más utilizado. Es una herramienta de línea de comandos que permite buscar, instalar, actualizar y desinstalar paquetes Python y sus dependencias. PIP facilita la administración de paquetes y bibliotecas de terceros en Python, lo que hace que el desarrollo de aplicaciones en Python sea más sencillo y rápido. Con PIP, los desarrolladores pueden instalar paquetes y bibliotecas de terceros que les permitan agregar funcionalidades a sus programas de manera más eficiente.

Además, PIP también se integra con PyPI (Python Package Index), que es el repositorio de paquetes de Python más grande y más utilizado. PyPI contiene miles de paquetes Python que pueden ser instalados a través de PIP, lo que facilita la búsqueda y la instalación de bibliotecas y paquetes de terceros.

```
sudo apt install -y python3-pip
```

Holamundo con Flask Python

Antes de empezar a desarrollar nuestro proyecto, vamos a desarrollar una aplicación web sencilla con Flask-Python. Esta aplicación web mostrará el mensaje de <¡Hola mundo!> en un navegador. Los pasos a seguir son los siguientes:

1. Creando la carpeta de trabajo

A la hora de crear una aplicación Web en linux vamos a trabajar bajo la carpeta personal /home/<nombre_de_usuario> que en mi caso será "/home/$USER".

Vamos a crear dentro de ella las siguientes carpetas:

```
rm -r /home/$USER/holamundo
mkdir -p /home/$USER/holamundo
```

2.-Creando un entorno virtual en la carpeta de proyecto

A la hora de desarrollar una aplicación en Python es una buena práctica crear un entorno virtual de Python para la aplicación. Para crear un ámbito de trabajo aislado del sistema principal o de otros ámbitos. Esto nos permite ejecutar una determinada aplicación, sin afectar al sistema o a otros procesos. Igualmente nos permite instalar determinadas librerías o versiones de las librerías, sin que afecte al resto. El crear un entorno virtual nos permitirá aislar la aplicación del resto de aplicaciones del sistema (ver Anexo I).

Los pasos para crear un entorno virtual son los siguientes:

Se hace un cambio de directorio:

```
cd /home/$USER/holamundo
```

Con el siguiente comando se crea la carpeta <venv> que contendrá el entorno de python con sus librerías (Nota: en algunos sistemas ha sido necesario instalar el siguiente paquete con "sudo apt install python3.10-venv"):

```
python3 -m venv venv
```

Esencialmente, el comando crea un nuevo directorio que contiene algunos elementos como la carpeta <lib>, donde se guardan las librerías que se instalarán con pip. O la carpeta <bin> donde se instalan ciertos scripts que se utilizaran para activar o desactivar el entorno.

Estos elementos se pueden ver con el comando <ls -lias>:

```
ls -lias /home/$USER/holamundo/venv
total 24
23199968 4 drwxrwxr-x 5 kepa kepa 4096 feb  9 09:54 .
23199967 4 drwxrwxr-x 3 kepa kepa 4096 feb  9 09:54 ..
23199974 4 drwxrwxr-x 2 kepa kepa 4096 feb  9 09:54 bin
23199969 4 drwxrwxr-x 2 kepa kepa 4096 feb  9 09:54 include
23199970 4 drwxrwxr-x 3 kepa kepa 4096 feb  9 09:54 lib
23199973 0 lrwxrwxrwx 1 kepa kepa    3 feb  9 09:54 lib64 -> lib
23199975 4 -rw-rw-r-- 1 kepa kepa   70 feb  9 09:54 pyvenv.cfg
```

Estos archivos funcionan para asegurarse de que sus proyectos estén aislados del contexto más amplio de su máquina local, de modo que los archivos del sistema y los archivos del proyecto no se mezclen. Esta es una buena práctica para el control de versiones y para garantizar que cada uno de sus proyectos tenga acceso a los paquetes particulares que necesita.
Para usar este entorno, debe activarlo, lo que puede hacer escribiendo el siguiente comando que llama al script de activación:

```
source venv/bin/activate
```

Su solicitud ahora tendrá el prefijo del nombre de su entorno, en este caso se llama (venv). El nombre de su entorno entre paréntesis debería ser lo primero que vea en su terminal:

```
(venv)$
```

3.-Instalando el microframework de Flask en el entorno virtual
Ahora que se encuentra en su entorno virtual, podremos instalar Flask:

```
($venv)pip install flask
```

4. Desarrollando la parte servidora (backend) de holamundo en python utilizando Flask: app.py

Este backend se ejecutará cuando el usuario navega a <localhost:5000/>, la función helloworld() se ejecutará y devolverá una página web con el mensaje "¡Hola mundo!".
Y creamos el código python con <gedit /home/$USER/holamundo/app.py>:

```
1.  from flask import Flask
2.  app = Flask(__name__)
3.  @app.route('/')
4.  def helloworld():
5.      return "¡Hola mundo!"
6.  if __name__ == '__main__':
7.      app.run(debug=True)
```

En la línea 1, del módulo flask importa la clase Flask. Con está instrucción se pone a disposición el código que se necesita para crear aplicaciones web con Flask.

En la línea 2, creamos una instancia de la clase Flask que le llamamos <app>. Para crear dicha instancia, debemos pasar como primer argumento el nombre del módulo o paquete de la aplicación. Para estar seguros de ello, utilizaremos la palabra reservada <__name__>. <__name__> es una variable especial que obtiene como valor la cadena '__main__' cuando estás ejecutando el script directamente.

En las líneas 3-5, estamos definiendo una función que devuelve la cadena <¡Hola mundo!>. Esa función está asignada a la URL de inicio </>. Eso significa que cuando el usuario navega a <localhost:5000> o <localhost:5000/>, la función de inicio se ejecutará y devolverá su salida en la página web. Si la entrada al método de ruta fuera otra URL, digamos </acercade/>, la salida de la función 'helloworld' se mostraría cuando el usuario cuando el usuario navega a <localhost:5000/acercade/>. Esto se consigue debido a que en la tercera línea, <@app.route('/')> es una función decorador que se aplica a la función que le sigue a continuación, es este caso, <helloworld()>. Una característica de Flask es que tendremos métodos asociados a las distintas URLs que componen nuestra aplicación. Es en estos métodos donde ocurre toda la magia y toda la lógica que queremos implementar. Dentro del patrón MVC (Modelo-Vista-Controlador), esta parte del código se corresponde con el controlador. Flask se encarga de hacernos transparente el cómo a partir de una petición a una URL se ejecuta finalmente nuestra rutina. Lo único que tendremos que hacer nosotros será añadir un decorador a nuestra función. El decorador <route()> se utiliza para registrar la función <helloworld()> a la ruta <'/'>. Cuando se solicita esta ruta <'/'>, se llama a la función <helloworld()> que devuelve al cliente su resultado. El decorador <route> de la aplicación <app> es el encargado de decirle a Flask con qué URL debe ejecutar su correspondiente función.

Finalmente en las líneas 6 y 7, entramos cuando lo ejecutamos como script directamente, ya que el atributo <__name__> será <__main__>. Eso significa que se cumple la declaración condicional <if> y se ejecutará el método <app.run()>. Esta técnica le permite al programador tener control sobre el comportamiento del script. <app.run()> tiene los siguientes parámetros: <host>, por defecto, <127.0.0.1>, y <0.0.0.0> para aceptar peticiones de otros ordenadores de nuestra red; <port> 5000 por defecto; <debug> <False> por defecto; y más parámetros. En nuestro ejemplo, el método app.run(debug=True) inicia el servidor de desarrollo y habilita el modo de depuración, que proporciona mensajes de error más detallados en caso de problemas. Eso imprimirá posibles errores de Python en la página web, lo que nos ayudará a rastrear los errores, ya que el servidor se reinicia el mismo cada vez que se cambia el código y proporciona un depurador útil para rastrear errores. Sin embargo, en un entorno de producción, querrá establecerlo en falso para evitar problemas de seguridad. En el siguiente ejemplo app.run(host='0.0.0.0', port=8080, debug=True) se muestra cómo se cambian los parámetros por defecto por otros valores posibles.

5.-Probando holamundo

Para probar vamos a ejecutar el script de python 'app.py' en el entorno virtual de python:

```
(venv)$ python3 app.py
```

La salida mostrada es la siguiente:

```
(venv)$ python3 app.py
* Serving Flask app 'app'
* Debug mode: on
WARNING: This is a development server. Do not use it in a production deployment. Use a
production WSGI server instead.
 * Running on http://127.0.0.1:5000
Press CTRL+C to quit
 * Restarting with stat
 * Debugger is active!
 * Debugger PIN: 106-973-743
```

Para comprobar que, efectivamente, nuestra aplicación funciona, podemos entrar al navegador y en la barra de direcciones introducir < http://127.0.0.1:5000>. Esto nos mostrará el mensaje de nuestra función <holamundo()>. Por defecto, el servidor web que viene con Flask está a la escucha en el puerto 5000 y sólo acepta peticiones de nuestro propio ordenador. Agregue :5000 al final de la dirección local de su servidor en su navegador web y visitela:

```
firefox http://127.0.0.1:5000/
¡Hola mundo!
```

Cuando termine, pulse <CTRL-C> en la ventana de su terminal para detener el servicio de Flask.

```
(venv)$ python3 app.py
* Serving Flask app 'app'
* Debug mode: on
WARNING: This is a development server. Do not use it in a production deployment. Use a
production WSGI server instead.
 * Running on http://127.0.0.1:5000
Press CTRL+C to quit
 * Restarting with stat
 * Debugger is active!
 * Debugger PIN: 106-973-743
pulse <CTRL-C>

^C(venv)$
```

Y para salir del entorno virtual de Python introduce el comando 'deactivate':

```
(venv)$ deactivate
$
```

Como se ha visto el servidor que viene con Flask no está preparado para producción, y es por ello que lanza el siguiente warning "WARNING: This is a development server. Do not use it in a production deployment. Use a production WSGI server instead."

En el caso de querer ejecutarlo en otro puerto (por ejemplo 10000) distinto al de por defecto (5000) la aplicación quedaría:

```
from flask import Flask
app = Flask(__name__)
@app.route('/')
def helloworld():
    return "¡Hola mundo!"
if __name__ == '__main__':
    app.run(debug=True,port=10000 )
```

Al ejecutar el script servicio app.py:

```
(venv)$ python3 app.py
```

La salida mostrada es la siguiente:

```
 * Serving Flask app 'app'
 * Debug mode: on
WARNING: This is a development server. Do not use it in a production deployment. Use a
production WSGI server instead.
 * Running on http://127.0.0.1:10000
Press CTRL+C to quit
 * Restarting with stat
 * Debugger is active!
 * Debugger PIN: 635-929-704
127.0.0.1 - - [21/Nov/2022 10:03:51] "GET / HTTP/1.1" 200 -
127.0.0.1 - - [21/Nov/2022 10:03:51] "GET /favicon.ico HTTP/1.1" 404 -
```

Agregue :10000 al final de la dirección local de su servidor en su navegador web y visitela:

```
firefox http://127.0.0.1:10000/
¡Hola mundo!
```

Cuando termine, pulse <CTRL-C> en la ventana de su terminal para detener el servicio de Flask.

```
(venv)$ ^C
```

Para salir del entorno virtual de python:

```
(venv)$ deactivate
```

```
$
```

Para volver a la carpeta personal:

```
$cd
```

Formulario de citas con Flask Python

Ahora ya estamos más preparados para realizar el proyecto de citas. En esta sección vamos a desarrollar la aplicación Web en Flask-Python que utiliza como frontend un formulario que solicita la inserción del teléfono, nombre y apellido de un alumno para apuntarse a un evento. Al pulsar el botón de envío se enviarán los textos introducidos por el usuario al servidor. En la parte servidora o backend se recogerá el teléfono, nombre y apellido y los guardará en una base de datos mysql en el caso de que el teléfono no esté duplicado mostrando un mensaje de que la información ha sido guardada correctamente. En caso de que el número de teléfono introducido esté en la base de datos se mostrará un mensaje de error.

Para realizar esta aplicación vamos a realizar los siguientes pasos:

1. Instalando y configurando un servidor de bases de datos MySQL.
2. Creando un usuario de MySQL dedicado y otorgando privilegios
3. Creando la base de datos "invitados" y una tabla "clientes" que contendrá las citas.
4. Creando la carpeta de trabajo.
5. Creando un entorno virtual en la carpeta de proyecto.
6. Instalando el microframework de Flask en el entorno virtual.
7. Desarrollando el formulario utilizando HTML5 (Frontend).
8. Desarrollando la parte servidora que atenderá al formulario utilizando Python-Flask(Backend).
9. Instalando las librerías necesarias en el aplicativo Python-Flask dentro del entorno virtual.
10. Probando Todo (Frontend-Backend).
11. Recogiendo los módulos instalados en <requirements.txt> dentro del entorno virtual.

1. Instalando un servidor de bases de datos MySQL

MySQL es el líder en el espacio de bases de datos relacionales según la firma de investigación G2 Crowd. Ahora que es propiedad de Oracle después de la adquisición de Sun Microsystems, MySQL sigue siendo un software de código abierto y puede ejecutarse en la infraestructura de los principales proveedores de nube como AWS, Google y Azure.

MySQL es un sistema de administración de bases de datos relacionales conocidos como RDBMS (Relational DataBase Management System). RDBMS es un sistema de bases de datos que permite administrar la información por medio de tablas relacionadas entre sí, mientras que el lenguaje de consulta estructurado (SQL) es el lenguaje utilizado para manejar el RDBMS mediante comandos, es decir, crear, insertar, actualizar y eliminar los datos de las bases de datos. Los comandos SQL no distinguen entre mayúsculas y minúsculas, es decir, "CREATE" y "create" significan el mismo comando. A continuación mostramos los pasos para su instalación en Ubuntu 22.04 (para más información ver https://www.digitalocean.com/community/tutorials/how-to-install-mysql-on-ubuntu-22-04).

En Ubuntu 22.04, puede instalar MySQL utilizando el repositorio de paquetes APT. En el momento de escribir este artículo, la versión de MySQL disponible en el repositorio predeterminado de Ubuntu es la versión 8.0.35.

```
sudo apt update
sudo apt install mysql-server
```

Asegúrese de que el servidor se arranca con el comando <systemctl start>:

```
sudo systemctl start mysql.service
```

Comprueba su estado con el comando <systemctl status>:

```
sudo systemctl status mysql.service
● mysql.service - MySQL Community Server
     Loaded: loaded (/lib/systemd/system/mysql.service; enabled; vendor preset: enabled)
     Active: active (running) since Sun 2024-01-21 09:43:43 CET; 6h ago
   Main PID: 1365 (mysqld)
     Status: "Server is operational"
     Tasks: 37 (limit: 18978)
     Memory: 431.1M
     CPU: 4min 6.617s
     CGroup: /system.slice/mysql.service
       └─1365 /usr/sbin/mysqld

ene 21 09:43:30 kepa-Latitude-E6440 systemd[1]: Starting MySQL Community Server...
ene 21 09:43:43 kepa-Latitude-E6440 systemd[1]: Started MySQL Community Server.
```

2. Creando un usuario de MySQL dedicado y otorgando privilegios

Tras la instalación, MySQL otorga a la cuenta 'root' privilegios para administrar la base de datos. Este usuario 'root' tiene privilegios completos sobre el servidor MySQL, lo que significa que tiene control total sobre cada base de datos, tabla, usuario, etc. Pero lo lógico es que otra persona distinta de 'root' sea la que deba encargarse de las funciones administrativas. Este paso describe cómo usar el usuario 'root' de MySQL para crear una nueva cuenta de usuario y otorgarle privilegios.

En los sistemas Ubuntu que ejecutan MySQL 5.7 (y versiones posteriores), el usuario 'root' de MySQL está configurado para autenticarse usando el complemento 'auth_socket' de forma predeterminada en lugar de una contraseña. Este complemento requiere que el nombre del usuario del sistema operativo que invoca al cliente de MySQL coincida con el nombre del usuario de MySQL especificado en el comando, por lo que debe invocar 'mysql' con privilegios 'sudo' para obtener acceso al usuario 'root' de MySQL:

```
sudo mysql
```

Una vez que tenga acceso al indicador de MySQL, puede crear un nuevo usuario con una declaración <CREATE USER 'usuario'@'localhost' IDENTIFIED BY 'password';>. Después <CREATE USER>, especifica un nombre de usuario, seguido inmediatamente por un signo "@" y luego el nombre de host desde el cual se conectará este usuario. Si solo planea acceder a este usuario localmente desde su servidor Ubuntu, puede especificar localhost. No siempre es necesario incluir tanto el nombre de usuario como el host entre comillas simples, pero hacerlo puede ayudar a evitar errores. En nuestro ejemplo tanto el usuario como el password utilizados será 'lsi':

```
mysql>DROP USER 'lsi'@'localhost';
mysql>CREATE USER 'lsi'@'localhost' IDENTIFIED BY 'lsi';
Query OK, 0 rows affected (0,03 sec)
```

Después de crear su nuevo usuario, puede otorgarle los privilegios apropiados. La sintaxis general para otorgar privilegios de usuario es la siguiente:

```
mysql>GRANT CREATE, ALTER, DROP, INSERT, UPDATE, INDEX, DELETE, SELECT,
REFERENCES, RELOAD on *.* TO 'lsi'@'localhost' WITH GRANT OPTION;
Query OK, 0 rows affected (0,01 sec)
```

En esta sintaxis de ejemplo define qué acciones puede realizar el usuario en el archivo database y table. Puede otorgar múltiples privilegios al mismo usuario en un solo comando separando cada uno con una coma. También puede otorgar privilegios de usuario globalmente ingresando asteriscos (*) en lugar de los nombres de la base de datos y la tabla. En SQL, los asteriscos son caracteres especiales que se utilizan para representar "todas" las bases de datos o tablas.

Para ilustrar, el siguiente comando otorga a un usuario privilegios globales para bases de datos, tablas y usuarios como CREATE, ALTER y DROP, así como el poder para datos de cualquier tabla en el servidor con INSERT, UPDATE y DELETE. También otorga al usuario la capacidad de consultar datos con SELECT, crear claves externas con la palabra clave REFERENCES y realizar operaciones FLUSH con el privilegio RELOAD. Sin embargo, solo debe otorgar a los usuarios los permisos que necesitan, así que siéntase libre de ajustar sus propios privilegios de usuario según sea necesario. Puede encontrar la lista completa de privilegios disponibles en: https://dev.mysql.com/doc/refman/8.0/en/privileges-provided.html#privileges-provided-summary .

MySQL almacena información sobre los privilegios de usuario (permisos para realizar acciones en la base de datos) en la memoria caché. Esto mejora el rendimiento, ya que el servidor no necesita leer constantemente las tablas de privilegios del disco duro. Sin embargo, la caché de privilegios no se actualiza automáticamente cada vez que se modifican los privilegios de un usuario. Es una buena práctica ejecutar el comando <FLUSH PRIVILEGES> para que se carguen los cambios en caché como resultado de las declaraciones <CREATE USER> y anteriores <GRANT>.

```
mysql> FLUSH PRIVILEGES;
Query OK, 0 rows affected (0,02 sec)
mysql> exit
Bye
```

En el futuro, para iniciar sesión como su nuevo usuario de MySQL, usaría un comando como el siguiente:

```
$mysql -u lsi -p
Enter password:
Welcome to the MySQL monitor.  Commands end with ; or \g.
Your MySQL connection id is 20
Server version: 8.0.32-0ubuntu0.22.04.2 (Ubuntu)

Copyright (c) 2000, 2023, Oracle and/or its affiliates.

Oracle is a registered trademark of Oracle Corporation and/or its
affiliates. Other names may be trademarks of their respective
owners.

Type 'help;' or '\h' for help. Type '\c' to clear the current input statement.

mysql>
```

La bandera -p hará que el cliente de MySQL le solicite su contraseña de usuario de MySQL para autenticarse.

3. Creando la base de datos "invitados" y una tabla "clientes" que contendrá las citas
A la hora de crear una base de datos y una tabla en Mysql vamos a utilizar dos modos distintos: el modo comando y mediante la ejecución de un script de sql:

a) modo comando

Para iniciar sesión como su nuevo usuario de MySQL, usaría un comando como el siguiente:

```
mysql -u lsi -p
Enter password:
Welcome to the MySQL monitor.  Commands end with ; or \g.
Your MySQL connection id is 20
Server version: 8.0.32-0ubuntu0.22.04.2 (Ubuntu)

Copyright (c) 2000, 2023, Oracle and/or its affiliates.

Oracle is a registered trademark of Oracle Corporation and/or its
affiliates. Other names may be trademarks of their respective
owners.

Type 'help;' or '\h' for help. Type '\c' to clear the current input statement.

-- Crear la base de datos invitados
mysql> CREATE DATABASE IF NOT EXISTS invitados;

-- Usar la base de datos invitados
mysql> USE invitados;

mysql> CREATE TABLE IF NOT EXISTS clientes ( id INT AUTO_INCREMENT PRIMARY
```

```
KEY, nombre VARCHAR(255) NOT NULL, apellido VARCHAR(255) NOT NULL, telefono
VARCHAR(15) NOT NULL UNIQUE);

Query OK, 0 rows affected (0,03 sec)

mysql> SHOW TABLES;
+--------------------+
| Tables_in_invitados |
+--------------------+
| clientes           |
+--------------------+
1 row in set (0,00 sec)

mysql> select * from clientes;
Empty set (0,00 sec)
```

b) modo script de sql

gedit /home/$USER/script.sql

```sql
-- Crear la base de datos invitados
CREATE DATABASE IF NOT EXISTS invitados;

-- Usar la base de datos invitados
USE invitados;

-- Crear la tabla clientes con restricción de unicidad en el número de teléfono
DROP TABLE IF EXISTS clientes;
CREATE TABLE IF NOT EXISTS clientes (
    id INT AUTO_INCREMENT PRIMARY KEY,
    nombre VARCHAR(255) NOT NULL,
    apellido VARCHAR(255) NOT NULL,
    telefono VARCHAR(15) NOT NULL UNIQUE
);
```

Con este script se crea la base de datos invitados y la tabla clientes con restricción de unicidad en el número de teléfono.

Ejecuta el script con:

```
$mysql -u lsi -p < script.sql
```

Comprueba:

```
mysql -u lsi -p
mysql> USE invitados;
Reading table information for completion of table and column names
You can turn off this feature to get a quicker startup with -A
```

```
Database changed

mysql> show tables;
+--------------------+
| Tables_in_invitados |
+--------------------+
| clientes           |
+--------------------+
1 row in set (0,00 sec)
```

4. Creando la carpeta de trabajo

A la hora de crear una aplicación Web vamos a crear una carpeta de trabajo en nuestra carpeta personal </home/nombre_de_usuario/>

```
mkdir /home/$USER/formulariocitas
```

5.-Creando un entorno virtual en la carpeta de proyecto

Se hace un cambio de directorio:

```
cd /home/$USER/formulariocitas
```

Con el siguiente comando se crea la carpeta <venv> que contendrá el entorno de python con sus librerías:

```
python3 -m venv venv
```

Esencialmente, el comando crea un nuevo directorio que contiene algunos elementos como la carpeta <lib>, donde se guardan las librerías que se instalarán con pip. O la carpeta <bin> donde se instalan ciertos scripts que se utilizaran para activar o desactivar el entorno (ver Anexo I).

Estos elementos se pueden ver con el comando <ls -lias>:

```
ls -lias /home/$USER/formulariocitas/venv
total 24
23604292 4 drwxrwxr-x 5 kepa kepa 4096 ene 21 18:42 .
23604289 4 drwxrwxr-x 3 kepa kepa 4096 ene 21 18:42 ..
23604300 4 drwxrwxr-x 2 kepa kepa 4096 ene 21 18:42 bin
23604294 4 drwxrwxr-x 2 kepa kepa 4096 ene 21 18:42 include
23604295 4 drwxrwxr-x 3 kepa kepa 4096 ene 21 18:42 lib
```

```
23604299 0 lrwxrwxrwx 1 kepa kepa3 ene 21 18:42 lib64 -> lib
23604301 4 -rw-rw-r-- 1 kepa kepa   71 ene 21 18:42 pyvenv.cfg
```

Estos archivos funcionan para asegurarse de que sus proyectos estén aislados del contexto más amplio de su máquina local, de modo que los archivos del sistema y los archivos del proyecto no se mezclen. Esta es una buena práctica para el control de versiones y para garantizar que cada uno de sus proyectos tenga acceso a los paquetes particulares que necesita.

Para usar este entorno, debe activarlo, lo que puede hacer escribiendo el siguiente comando que llama al script de activación:

```
source venv/bin/activate
```

Su solicitud ahora tendrá el prefijo del nombre de su entorno, en este caso se llama (venv). El nombre de su entorno entre paréntesis debería ser lo primero que vea en su terminal:

```
(venv)$
```

6.-Instalando el microframework de Flask en el entorno virtual

Ahora que se encuentra en su entorno virtual, podremos instalar Flask:

```
($venv)pip install flask
```

7. Desarrollando el formulario utilizando HTML5 (Frontend)

A continuación vamos a crear un formulario que solicite la inserción del teléfono, nombre y apellido de la persona utilizando los elementos input HTML de tipo <text> y <tel> (ver Anexo III). También se añadirá un botón de envio <input type="submit" value= "Enviar" /> (ver Anexo III). Al pulsar el botón <input type="submit"> se envían los datos introducidos por el usuario desde el formulario al servidor.

El formulario se crea dentro de la carpeta 'templates' para poder utilizar el método 'render_template()' de Python Flask que se explicará más adelante:
Creamos la carpeta templates:

```
mkdir -p /home/$USER/formulariocitas/templates
```

y posteriormente creamos el formulario html:

```
gedit /home/$USER/formulariocitas/templates/index.html
```
```
<!doctype html>
<html lang="es">
 <head>
```

```
 <title>Formulario de inscripción para eventos</title>
<meta charset="utf-8">
<meta name="viewport" content="width=device-width, initial-scale=1" />
</head>
<body>
<section>
<form name="formulario" id="formulario" action="agregar_cita" method="post">
        <fieldset> <legend> Datos del interesado</legend>
        <label for="telefono">Teléfono:</label>
        <br> <!--Salto de línea-->
        <input   type="tel" name="telefono" id="telefono" value="" placeholder="Escribe el
teléfono aquí..."/>
        <br>
        <label for="nombre">Nombre:</label>
        <br>
        <input   type="text" name="nombre" id="nombre" value="" placeholder="Escribe el
nombre aquí..."/>
        <br>
        <label for="apellido">Primer apellido:</label>
        <br>
        <input   type="text" name="apellido" id="apellido" value="" placeholder="Escribe el
primer apellido aquí..."/>
        <br>
        <input type="submit" value= "Enviar" />
        </fieldset>
</form>
</section>
</body>
</html>
```

Las etiquetas de este formulario son:
Dentro del cuerpo o body añadimos un formulario entre las marcas de inicio de formulario
<form…> y final de formulario </form>. En un formulario podemos distinguir los siguientes
elementos:

- <form name="formulario" id="formulario" action="agregar_cita" method="post">
  : Nótese que se definen 4 atributos base en <form>. El atributo <name> permite a un script
  acceder a su contenido. El atributo <id> permite identificar de forma unívoca un elemento
  en un documento. El atributo <action> indica la dirección donde se enviarán los datos
  cuando el usuario pulse el botón de enviar. En caso de omitirse esta información, se
  enviarán los datos a la propia página actual, volviéndola a cargar. Y finalmente el atributo
  <method> indica el método HTTP utilizado para enviar los datos desde el formulario al
  servidor. En nuestro ejempl, cuando el usuario pulse el botón <Enviar> (submit), la
  información será enviada usando el método <POST>. La diferencia entre utilizar el <GET>
  o <POST> radica en la forma de enviar los datos a la página cuando se pulsa el botón
  <Enviar>. Mientras que el método <GET> envía los datos mediante la URL, el método
  <POST> los envía de forma que no podemos verlos (en un segundo plano u "ocultos" al
  usuario). Si en nuestro ejemplo utilizaramos el método <GET>, la URL sería algo parecido
  a lo siguiente:
  <http://127.0.0.1:5000/app.py/agregar_cita/?telefono=666666666&nombre=Kepa&apellido
  =Bengoetxea>. En esta URL podemos distinguir varias partes:

<http://127.0.0.1:5000/app.py/agregar_cita/> es la dirección web en sí. El símbolo <?> indica dónde empiezan los parámetros que se reciben desde el formulario que ha enviado los datos a la página. Después del símbolo <?> aparecen parejas de datos con su nombre y valor separadas por el símbolo <&>. Las parejas <telefono=666666666&nombre=Kepa&apellido=Bengoetxea> reflejan el nombre y el valor de los campos enviados por el formulario. Con el método <POST> estos datos no son visibles al usuario de la web. En el caso de usar <GET>, el propio usuario podría modificar la URL escribiendo diferentes parámetros a los reales en su navegador, dando lugar a que la información tratada no sea la prevista. Hemos visto el resultado de un envío por el método <GET>. En el caso de un envío de datos usando el método <POST>, no los podremos ver en la URL. Para poder recuperar los valores de los campos en la parte servidora enviados tanto con el método <GET> o <POST>, necesitaremos programar en php, python o javascript.

- <fieldset> : recuadra y crea una etiqueta con <legend> para todo el formulario.
- <label for="nombre">Tu nombre:</label> asocia una etiqueta al input de tipo text mediante el id, el efecto es que si nosotros clicamos en la etiqueta el cursor salta al texto asociado con el id.
-
: realiza un salto de línea.
- <input   type="text" name="nombre" id="nombre" value="" placeholder="Escribe el nombre aquí..."/>: El elemento <input> tiene los siguientes atributos: el atributo <type="text"> nos permite escribir una línea de texto en su caja de texto, el atributo <name> permite a un script acceder a su contenido, el atributo <id> permite identificar de forma unívoca un elemento en un documento, y el atributo <placeholder> que es el texto que aparecerá a modo de sugerencia/ayuda para el usuario (en gris, texto del campo). En cuanto el usuario escriba en el mismo, el nombre desaparecerá. Sólo volvería a aparecer si el usuario decide borrar nuevamente la información que ha escrito en ese campo.
- <input type="submit" value= "Enviar" />: Al pulsar el botón <input type="submit"> se envía el texto introducido por el usuario en el formulario al servidor. El texto del botón será por defecto <Enviar> (o equivalente según el idioma). Podemos modificar el texto del botón mediante el atributo <value>.

Lo abrimos con el navegador el fichero file:///home/$USER/formulariocitas/templates/index.html

Al pulsar el botón "Enviar" este formulario llamaría a la función "agregar_cita" dentro del fichero app.py que será nuestro backend desarrollado en Python.

8. Desarrollando la parte servidora que atenderá al formulario utilizando Python-Flask(Backend)

Este backend recogerá el teléfono, nombre y apellido, y los guardará en la base de datos invitados y tabla clientes, en caso de que el teléfono no exista y mostrará un mensaje de que la informac ión ha sido guardada correctamente mostrado el archivo <resultado.html>.

gedit /home/$USER/formulariocitas/app.py

(Nota: Python es un lenguaje indexado y a la hora de copiar este texto, elimina todos los espacios en blanco, y crea una tabulación bien indexada)

```
1    from flask import Flask, render_template, request
2    import mysql.connector
3    app = Flask(__name__)
4    @app.route('/')
5    def index():
6       return render_template('index.html')
7    @app.route('/agregar_cita/', methods=['POST'])
8    def agregar_cita():
9       if request.method == 'POST':
10          nombre = request.form['nombre']
11          apellido = request.form['apellido']
12          telefono = request.form['telefono']
13          try:
14                        config = { 'user': 'lsi', 'password': 'lsi', 'host': 'localhost', 'port': '3306',
15   'database': 'invitados'}
16                        connection = mysql.connector.connect(**config)
17                        cursor = connection.cursor()
18                        cursor.execute('INSERT INTO clientes (nombre, apellido, telefono)
19   VALUES (%s, %s, %s)', (nombre, apellido, telefono))
20                        connection.commit()
21                        cursor.close()
22                        connection.close()
23                        return
24   render_template('resultado.html',telefono=telefono,nombre=nombre,apellido=apellido)
25                  except Exception as e:
26                        mensaje="Error al insertar en la base de datos:" + str(e)
27                        return render_template('resultado2.html',mensaje=mensaje)
28   if __name__ == '__main__':
29       app.run(debug=True)
```

Vamos a explicar línea a línea:

En la línea 1:

```
from flask import Flask, render_template, request
```

Se importan desde el módulo flask: la Clase Flask que se utiliza para crear un marco de aplicaciones web realizadas con flask; la función render_template que se utiliza para visualizar las plantillas de HTML(index.html, …) que están bajo la carpeta templates; y el objeto request que nos ayuda a recoger la información enviada mediante el formulario por el cliente al servidor o backend.

En la línea 2:

```
import mysql.connector
```

Se importa el módulo mysql.connector. El módulo mysql.connector proporciona funciones y clases para conectarse a bases de datos MySQL. Por ejemplo, la función mysql.connector.connect(**config) devuelve un objeto de conexión con la base de datos "invitados" de MySQL. Este objeto se puede utilizar para ejecutar consultas SQL, leer y escribir datos en la base de datos, y cerrar la conexión cuando ya no se la necesita.

En la línea 3:

```
app = Flask(__name__)
```

Creamos una instancia de la clase Flask que le llamamos <app>. Para crear dicha instancia, debemos pasar como primer argumento el nombre del módulo o paquete de la aplicación. Para estar seguros de ello, utilizaremos la palabra reservada <__name__>. <__name__> es una variable especial que obtiene como valor la cadena '__main__' cuando estás ejecutando el script directamente.

En las líneas 4-6:

```
@app.route('/')
def index():
    return render_template('index.html')
```

Estamos definiendo una función index(). Esa función está asignada a la URL de inicio </>. Eso significa que cuando el usuario navega a <localhost:5000>, la función de index() se ejecutará. El decorador <route()> se utiliza para registrar la función <index()> a la ruta <'/'>. Cuando se solicita esta ruta <'/'>, se llama a la función <index()> que devuelve al cliente su resultado. El decorador <route> de la aplicación <app> es el encargado de decirle a Flask con qué URL debe ejecutar su correspondiente función. La carpeta que le pasamos a nuestra función será usada para generar internamente URLs.

Generar HTML desde Python es bastante engorroso por eso Flask configura automáticamente el motor de plantillas Jinja2. Para visualizar una plantilla '.html', por ejemplo index.html, puedes utilizar el método render_template(). Todo lo que tienes que hacer es proporcionar el nombre de la plantilla que la busca en la carpeta <templates> y las variables que quieres pasar al motor de plantillas como argumentos de palabra clave. Flask buscará las plantillas en la carpeta <templates> situada bajo la carpeta en la que esta la aplicación <app.py>:

```
/app.py
/templates
    /index.html
```

Mostramos al cliente el formulario index.html:

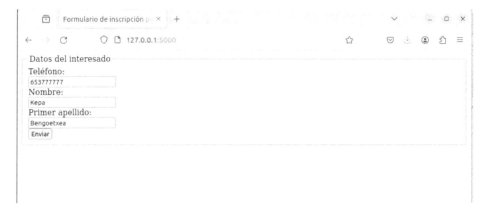

Al pulsar el botón "Enviar" desde el formulario que aparece en index.html, se llamaría a la función "agregar_cita" dentro del fichero app.py ya que en el formulario <form name="formulario" id="formulario" action="agregar_cita" method="post"> la propiedad <action> tiene el valor "agregar_cita" que representa la URL a donde se envían los datos. De esta manera se ejecutará la función "agregar_cita()" mediante el decorador @app.route('/agregar_cita/', methods=['POST']), que asocia la URL con dicha función.

El decorador y función "agregar_cita()" forman las líneas 7 a 27:

```
@app.route('/agregar_cita/', methods=['POST'])
def agregar_cita():
    if request.method == 'POST':
        nombre = request.form['nombre']
        apellido = request.form['apellido']
        telefono = request.form['telefono']
        try:
            config = { 'user': 'lsi', 'password': 'lsi', 'host': 'localhost', 'port': '3306', 'database': 'invitados'}
            connection = mysql.connector.connect(**config)
            cursor = connection.cursor()
            cursor.execute('INSERT INTO clientes (nombre, apellido, telefono) VALUES (%s, %s, %s)', (nombre, apellido, telefono))
            connection.commit()
            cursor.close()
            connection.close()
            return render_template('resultado.html',telefono=telefono,nombre=nombre,apellido=apellido)
        except Exception as e:
            mensaje="Error al insertar en la base de datos:" + str(e)
            return render_template('resultado2.html',mensaje=mensaje)
```

Con el objeto "Request" de Flask vamos a recoger los datos enviados mediante el formulario por el cliente. La web funciona mediante solicitudes HTTP. Cada vez que navega a una página web, su navegador realiza varias solicitudes al servidor de esta. A continuación, el servidor responde con todos los datos necesarios para representar la página y, luego, su navegador la representa de modo que pueda verla.

El proceso genérico es el siguiente: un cliente (como un navegador o una secuencia de comandos de Python que utilice Requests) enviará algunos datos a una URL y, luego, el servidor situado en la URL leerá los datos, decidirá qué hacer con ellos y mostrará una respuesta al cliente. Por último, el cliente puede decidir qué debe hacer con los datos de la respuesta.

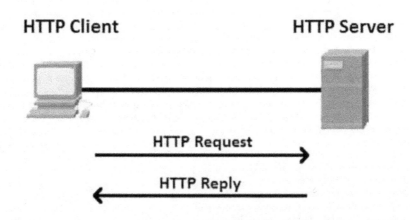

El objeto Request se utiliza para recuperar los datos que el cliente envía en una solicitud. Algunos métodos de solicitud frecuentes son <GET> y <POST>. La diferencia entre los métodos <GET> y <POST> radica en la forma de enviar los datos a la página cuando se pulsa el botón <Enviar>. Mientras que el método <GET> envía los datos mediante la URL, el método <POST> los envía de forma que NO podemos verlos (en un segundo plano u "ocultos" al usuario).

Para recuperar en el servidor los datos enviados desde un formulario utilizaremos el atributo <form> si los datos son enviados por el método <POST>, y utilizaremos el atributo <args> si los datos son enviados por el método <GET>. Y finalmente para saber con qué método se ha enviado la información podemos utilizar el atributo <method>. En nuestro ejemplo preguntamos si el atributo request.method es igual a una solicitud POST.

```
if request.method == 'POST':
    nombre = request.form['nombre']
    apellido = request.form['apellido']
    telefono = request.form['telefono']
```

El atributo request.form es el objeto de diccionario que contiene el par clave-valor de parámetros de formulario y sus valores cuando los datos son enviados por el método POST. Por ejemplo para recoger el valor de la clave 'nombre' sería "nombre = request.form['nombre']", donde la clave suele ser el valor del atributo <name> del elemento formulario y el valor de la clave el dato introducido por el cliente.

En las siguientes líneas:

```
config = { 'user': 'lsi', 'password': 'lsi', 'host': 'localhost', 'port': '3306', 'database':
'invitados'}
connection = mysql.connector.connect(**config)
```

```
        cursor = connection.cursor()
        cursor.execute('INSERT INTO clientes (nombre, apellido, telefono) VALUES (%s, %s,
%s)', (nombre, apellido, telefono))
        connection.commit()
        cursor.close()
        connection.close()
```

En la línea config = { 'user': 'lsi', 'password': 'lsi', 'host': 'localhost', 'database': 'invitados','port':
'3306' } se configuran los parámetros de la base de datos MySQL, con el nombre de usuario,
contraseña, nombre de la máquina, el nombre de la base de datos y el puerto por el que está
escuchando el servidor de MySQL. El puerto por defecto de MySQL es el "3306", por lo que
deberías poder usar "3306" como puerto para la mayoría de las situaciones. Pero para asegurarnos
de que el servidor de MySQL esté escuchando por dicho puerto, podemos utilizar el siguiente
comando (sudo apt install net-tools para instalar nestat):

```
$sudo netstat -anp | grep mysqld
[sudo] contraseña para $USER:
tcp    0    0 127.0.0.1:3306      0.0.0.0:*              ESCUCHAR  1490/mysqld
tcp    0    0 127.0.0.1:33060     0.0.0.0:*              ESCUCHAR  1490/mysqld
unix  2        [ ACC ]     FLUJO      ESCUCHANDO        31360 1490/mysqld
        /var/run/mysqld/mysqlx.sock
unix  2        [ ]         DGRAM      CONECTADO         33286 1490/mysqld
unix  2        [ ACC ]     FLUJO      ESCUCHANDO        34028 1490/mysqld
        /var/run/mysqld/mysqld.sock
```

Con "mysql.connector.connect(**config)" se establece una conexión con la base de datos MySQL
utilizando las credenciales especificadas en el diccionario config. Se crea un objeto cursor que se
utiliza para ejecutar consultas SQL en la base de datos. El objeto cursor es responsable de enviar las
consultas SQL al servidor de base de datos y recibir los resultados de las consultas. Con "insert" se
insertan los valores nombre, apellido y teléfono en las columnas correspondientes de la tabla
"clientes" de la base de datos "invitados". Los valores se representan mediante marcadores de
posición (%s) que se reemplazan con los valores reales (nombre, apellido y teléfono) cuando se
ejecuta la consulta. Con "commit" se confirma la transacción actual y guarda los cambios realizados
en la base de datos. La confirmación de la transacción es necesaria para garantizar que los cambios
realizados en la base de datos sean permanentes. Con "cursor.close()" se cierra el objeto cursor y
libera los recursos asociados con él. Es importante cerrar el cursor después de usarlo para evitar
problemas de memoria. Con "connection.close()" se cierra la conexión con la base de datos
MySQL. Es importante cerrar la conexión cuando ya no se necesite para evitar problemas de
recursos.

Con la línea:

```
return render_template('resultado.html',telefono=telefono,nombre=nombre,apellido=apellido)
```

Se renderiza o visualiza la plantilla 'resultado.html' con un mensaje de que la información ha sido
guardada correctamente. En nuestro caso se utiliza <render_template()> con parámetros. Todo lo
que tienes que hacer es proporcionar el nombre de la plantilla que la busca en la carpeta

<templates> y las variables que quieres pasar al motor de plantillas como argumentos "parámetro=variable" o "parámetro=valor". Flask buscará las plantillas en la carpeta <templates>. En las plantillas puedes utilizar toda la potencia de las plantillas de Jinja2. Para obtener más información dirígete a la documentación oficial de Jinja2 Template Documentation en la siguiente dirección https://jinja.palletsprojects.com/en/3.1.x/templates/ .

Aquí se muestra el contenido de la plantilla resultado.html.
gedit /home/$USER/formulariocitas/templates/resultado.html :

```
<!doctype html>
<html lang="es">
<head>
  <title>Guardando alumnos</title>
  <meta charset="utf-8">
  <meta name="viewport" content="width=device-width, initial-scale=1" />
</head>
<body>
  <h1>El alumno {{nombre}} {{apellido}} con telefono {{telefono}} ha sido guardado
correctamente.</h1>
</body>
</html>
```

El término <sistema de plantillas web> se refiere al diseño de un script HTML en el que los datos variables se pueden insertar de forma dinámica. Este sistema de plantillas web consta de un motor de plantillas, algún tipo de fuente de datos y un procesador de plantillas. La plantilla contiene marcadores de posición intercalados de sintaxis html para variables y expresiones de Python que son reemplazados por valores cuando se presentan. El motor de plantillas Jinja2 utiliza los siguientes delimitadores para escapar de HTML:

- {%...%} para declaraciones
- {{ }} para expresiones o variables
- [# ... #] para comentarios no incluidos en la salida
- #...### para declaraciones en línea

En el cuerpo de <resultado.html> hemos añadido:

```
<h1>El alumno {{nombre}} {{apellido}} con telefono {{telefono}} ha sido guardado
correctamente.</h1>
```

donde la etiqueta <h1> también conocida como "etiqueta de título", es la encargada de representar su contenido cómo título en el cliente. Y {{nombre}} será sustituido por el contenido de la variable nombre, {{apellido}} será sustituido por el contenido de la variable apellido y finalmente {{telefono}} será sustituido por el contenido de la variable telefono, mostrando el siguiente mensaje:

En el código try-except:

```
try:
        config = { 'user': 'lsi', 'password': 'lsi', 'host': 'localhost', 'port': '3306', 'database': 'invitados'}
        connection = mysql.connector.connect(**config)
        cursor = connection.cursor()
        cursor.execute('INSERT INTO clientes (nombre, apellido, telefono) VALUES (%s, %s,
%s)', (nombre, apellido, telefono))
        connection.commit()
        cursor.close()
        connection.close()
        return
render_template('resultado.html',telefono=telefono,nombre=nombre,apellido=apellido)

except Exception as e:
        mensaje="Error al insertar en la base de datos:" + str(e)
        return render_template('resultado2.html',mensaje=mensaje)
```

El código "try-except" se utiliza para manejar las excepciones que se pueden producir al insertar un nuevo registro en la tabla clientes de la base de datos invitados de MySQL. La sentencia "try-except" consta de dos bloques: el bloque "try" y el bloque "except". El bloque "try" contiene el código que queremos ejecutar. Si se produce una excepción, el control se transfiere al bloque "except". El código de "except" crea una variable "mensaje" que contiene el mensaje de error. A continuación, visualiza la plantilla HTML "resultado2.html" con el mensaje de error. Con la sentencia "try-except" el programa puede continuar ejecutándose sin problemas incluso si se produce una excepción.

A continuación mostramos el código de resultado2.html.

gedit /home/$USER/formulariocitas/templates/resultado2.html :

```
<!doctype html>
<html lang="es">
<head>
  <title>Error</title>
  <meta charset="utf-8">
```

```
    <meta name="viewport" content="width=device-width, initial-scale=1" />
    </head>
    <body>
      <h1>{{mensaje}}</h1>
    </body>
    </html>
```

Que se visualizará de la siguiente manera en caso de error:

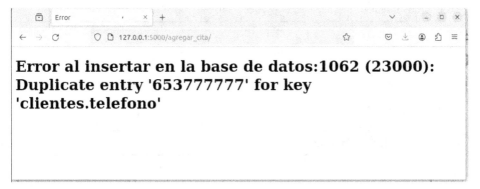

Y finalmente, en las líneas:

```
if __name__ == '__main__':
    app.run(debug=True)
```

Finalmente entramos cuando se ejecuta como script "python3 app.py", ya que el atributo <__name__> será <__main__>. Eso significa que se cumple la declaración condicional <if> y se ejecutará el método <app.run()>. Esta técnica le permite al programador tener control sobre el comportamiento del script. <app.run()> tiene los siguientes parámetros: <host>, por defecto, <127.0.0.1>, y <0.0.0.0> para aceptar peticiones de otros ordenadores de nuestra red; <port> 5000 por defecto; <debug> <False> por defecto; y más parámetros. En nuestro ejemplo, el método app.run(debug=True) inicia el servidor de desarrollo y habilita el modo de depuración, que proporciona mensajes de error más detallados en caso de problemas. Eso imprimirá posibles errores de Python en la página web, lo que nos ayudará a rastrear los errores, ya que el servidor se reinicia el mismo cada vez que se cambia el código y proporciona un depurador útil para rastrear errores. Sin embargo, en un entorno de producción, querrá establecerlo en falso para evitar problemas de seguridad.

9. Instalando las librerías necesarias en el aplicativo Python-Flask dentro del entorno virtual

A parte de la librería <flask> que se ha instalado en el paso 4. Esta aplicación requiere de el conector de mysql "mysql-connector" . El uso de pip es la forma recomendada de instalar Connector/Python y funciona en todos los sistemas estándar (ver https://dev.mysql.com/doc/connector-python/en/connector-python-installation.html):

```
$cd /home/$USER/formulariocitas
$source venv/bin/activate
($venv) pip install mysql-connector-python
Collecting mysql-connector-python
  Downloading mysql_connector_python-8.3.0-cp310-cp310-manylinux_2_17_x86_64.whl (21.5
MB)


────────── 21.5/21.5 MB 23.5 MB/s eta 0:00:00
Installing collected packages: mysql-connector-python
Successfully installed mysql-connector-python-8.3.0
```

10. Probando Todo (Frontend-Backend)

Para probar vamos a seguir los siguientes pasos.

Ir a la carpeta de trabajo:

```
cd /home/$USER/formulariocitas
```

Activar el entorno:

```
source venv/bin/activate
```

Al ejecutar el script servicio app.py:

```
python3 app.py
 * Serving Flask app 'app'
 * Debug mode: on
WARNING: This is a development server. Do not use it in a production deployment. Use a
production WSGI server instead.
 * Running on http://127.0.0.1:5000
Press CTRL+C to quit
 * Restarting with stat
 * Debugger is active!
 * Debugger PIN: 583-392-474
```

Abrimos <http://127.0.0.1:5000/> en un navegador se ejecuta la función <index()> debido al decorador <@app.route('/')>. Este nos muestra el siguiente formulario:

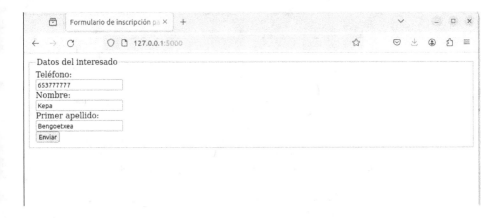

Una vez introducido el nombre y apellido y pulsando el botón <Enviar>, guarda la información en la base de datos, y muestra el resultado.

En caso de introducir un teléfono que existe en la tabla clientes, se mostrará el siguiente error:

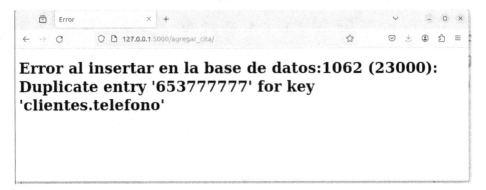

Cuando termine, pulse <CTRL-C> en la ventana de su terminal para detener el servicio de Flask:

```
(venv)$ ^C
```

11. Recogiendo los módulos instalados en <requirements.txt> dentro del entorno virtual

A continuación, puede crear fácilmente un archivo <requirements.txt> desde el entorno virtual, que después se usa para volver a instalar esas dependencias en otro equipo de desarrollo o producción. Si comparte un proyecto con otros usuarios, usa un sistema de compilación o pretende copiar el proyecto en cualquier otra ubicación donde necesita restaurar un entorno, necesita especificar los paquetes externos que dicho proyecto requiere. El enfoque recomendado es usar un archivo con el nombre <requirements.txt> que contiene una lista de comandos para <pip> que instala las versiones necesarias de los paquetes dependientes. El comando más común es:

```
(venv)$pip freeze > requirements.txt
```

<pip freeze > requirements.txt>, que registra la lista de paquetes actual del entorno en requirements.txt.

```
(venv)$less requirements.txt
blinker==1.7.0
click==8.1.7
Flask==3.0.1
itsdangerous==2.1.2
Jinja2==3.1.3
MarkupSafe==2.1.4
mysql-connector-python==8.3.0
Werkzeug==3.0.1
```

Y posteriormente puede usar <pip install -r requirements.txt> para restaurar los paquetes.

Posibles errores

A la hora de poner en marcha, nos podemos encontrar con 2 errores típicos:

- El puerto utilizado por defecto por flask (puerto 5000) ya esté ocupado

- La base de datos mysql esté escuchando por otro puerto distinto al asignado

El puerto 5000 está ocupado

Si al ejecutar el script nos muestra un error de que el puerto 5000 está ocupado:

```
python3 app.py
 * Serving Flask app 'app'
 * Debug mode: on
Address already in use
Port 5000 is in use by another program. Either identify and stop that program, or start the server
```

```
with a different port.
```

El primer paso sería ver qué proceso lo tiene ocupado, y determinar si quiero liberar dicho puerto o utilizar otro puerto como el 5001:

- Detectando quién está escuchando por el puerto 5000 y liberando dicho puerto:

```
sudo lsof -i:5000
[sudo] contraseña para kepa:
COMMAND  PID USER  FD   TYPE DEVICE SIZE/OFF NODE NAME
docker-pr 9323 root   4u  IPv4 92486      0t0  TCP *:5000 (LISTEN)
docker-pr 9330 root   4u  IPv6 91308      0t0  TCP *:5000 (LISTEN)

sudo kill -9 9323
sudo kill -9 9330
```

- Cambiando de puerto:
En el caso de querer ejecutarlo en otro puerto (por ejemplo 10000) distinto al de por defecto (5000) la aplicación app.py quedaría:

```
...
if __name__ == '__main__':
    app.run(debug=True, port=10000 )
```

La base de datos está escuchando por otro puerto

Si al ejecutar el script nos devuelve el siguiente error:

```
Error al insertar en la base de datos: 2003 (HY000): Can't connect to MySQL server on
'127.0.0.1:32000' (111)
```

Vemos el puerto por el que el servidor de mysql está escuchando:

```
sudo netstat -anp | grep mysqld
tcp    0    0 127.0.0.1:33060    0.0.0.0:*         ESCUCHAR  1351/mysqld
tcp    0    0 127.0.0.1:3306     0.0.0.0:*         ESCUCHAR  1351/mysqld
unix 2    [ ACC ]    FLUJO     ESCUCHANDO    30594 1351/mysqld
         /var/run/mysqld/mysqlx.sock
unix 2    [ ]    DGRAM    CONECTADO    31344 1351/mysqld
unix 2    [ ACC ]    FLUJO     ESCUCHANDO    33858 1351/mysqld
         /var/run/mysqld/mysqld.sock
2007 (HY000): Protocol mismatch; server version = 11, client version = 10
Se ha solucionado al cambiar el puerto de escucha de mysqld de puerto 33060 a 3306.
```

Y añadimos dicho puerto en la línea " config = { 'user': 'lsi', 'password': 'lsi', 'host': 'localhost', 'port': **'3306'**, 'database': 'invitados'}" en el fichero "app.py".

II Implantando un aplicación web basado en Flask en un entorno de producción

A continuación se explica la arquitectura de una aplicación Web basada en Flask en un entorno de producción.

Arquitectura

Aunque es posible servir Aplicaciones Web Flask con un Servidor de Aplicaciones WSGI (Web Server Gateway Interface) como Gunicorn. Lo habitual suele ser utilizar un Servidor Web (Apache o Nginx) como proxy inverso junto a un Servidor de Aplicaciones como Gunicorn, proporcionando una capa adicional de seguridad y flexibilidad. Por lo tanto, puede ser beneficioso considerar su uso según sus necesidades específicas de producción.

Un servidor web como proxy inverso actúa como intermediario entre los clientes que realizan solicitudes a través de internet y los servidores de aplicaciones que sirven las respuestas a esas solicitudes. En lugar de enviar las solicitudes directamente al servidor de aplicaciones, el proxy inverso recibe las solicitudes del cliente y las reenvía al servidor de aplicaciones correspondiente. Luego, el proxy inverso recibe la respuesta del servidor de aplicaciones y la envía de vuelta al cliente.

El uso de un servidor web como un proxy inverso tiene varios beneficios. En primer lugar, puede mejorar el rendimiento de la aplicación al almacenar en caché las respuestas a solicitudes comunes, evitando así que el servidor de aplicaciones tenga que procesar la misma solicitud varias veces. En segundo lugar, un proxy inverso puede proporcionar seguridad adicional al bloquear solicitudes peligrosas antes de que lleguen al servidor de aplicaciones. En tercer lugar, el proxy inverso puede distribuir la carga de trabajo a varios servidores de aplicaciones, lo que puede mejorar la capacidad de respuesta y el rendimiento en momentos de alta demanda.

Para configurar un servidor web como proxy inverso, se deben especificar los servidores de aplicaciones que se van a utilizar y las reglas para enrutar las solicitudes entrantes. En general, el servidor web proxy inverso escucha en un puerto determinado y envía las solicitudes entrantes a diferentes servidores de aplicaciones basados en la URL de la solicitud.

La arquitectura web en el entorno de producción será:

Vamos a explicar cada uno de los componentes de la arquitectura empezando por derecha:

Cliente Web

Los clientes web o navegadores (firefox,chrome,...) son programas con los que interactúa el usuario y que le permiten, entre otras funciones, introducir URI (Uniform Resource Identifier) o URL

(Uniform Resource Locator) para acceder a recursos disponibles en la red. Pueden actuar como clientes de diferentes protocolos (HTTP, FTP, SFTP…) aunque su función principal es ejercer como clientes HTTP. Reciben recursos de los servidores web, los procesan y muestran los resultados al usuario, permitiéndole interactuar si es necesario.

Servidores Web

Los servidores web como Apache o Nginx están pensados para un alto rendimiento, manejar la seguridad, poner en cola solicitudes/respuestas, gestionar errores y servir contenido estático y de otro tipo al mismo tiempo de manera muy eficiente. Normalmente el trabajo del servidor web es estar escuchando por el puerto 80 a recibir una petición (request) de un cliente. Cuando el cliente manda una petición, la recibe, y le entrega la respuesta. Ambos tipos de mensajes se realizan según el protocolo HTTP.

Si el servidor recibe millones de peticiones, es capaz de duplicarse y escalar para resolver todas esas peticiones sin problemas.
El servidor web es el responsable de recibir todas las peticiones del cliente, en él se configuran los certificados para SSL(Secure Sockets Layer)/TLS(Transport Layer Security) necesarios en la comunicación HTTPS (Hyper Text Transfer Protocol Secure), sirve contenido estático (css, js, imágenes, …) y manda las respuestas al cliente.

Además, en nuestro caso el Servidor Web Nginx hace de proxy inverso enviando todas las peticiones que tienen que ver realmente con la Aplicación Flask al Servidor de Aplicaciones Gunicorn para que la Aplicación Flask las procese.

Nginx está realmente optimizado para todas las cosas que debe hacer un servidor web. Por ejemplo:
- Enrutar nombres de dominio (decide a dónde deben ir las solicitudes, o si una respuesta de error está en orden)
- Servir archivos estáticos
- Manejar muchas solicitudes que llegan a la vez
- Manejar clientes lentos
- Envía las solicitudes que deben ser dinámicas a un Servidor de Aplicaciones
- Manejar las peticiones HTTPS

Servidor de Aplicaciones

Un servidor de aplicaciones es un software que se ejecuta en un servidor y que proporciona la infraestructura y los servicios necesarios para ejecutar aplicaciones web y móviles.
Piensa en él como en un orquestador que se encarga de que todas las partes de una aplicación funcionen juntas sin problemas.
Funciones principales de un servidor de aplicaciones:
- Ejecutar aplicaciones: El servidor de aplicaciones proporciona el entorno en el que se ejecutan las aplicaciones. Esto incluye la gestión de la memoria, la asignación de recursos y la ejecución del código de la aplicación.
- Acceso a bases de datos: Las aplicaciones a menudo necesitan acceder a datos almacenados en bases de datos. El servidor de aplicaciones facilita esta comunicación entre la aplicación y la base de datos.
- Seguridad: El servidor de aplicaciones puede implementar medidas de seguridad para proteger las aplicaciones y los datos de accesos no autorizados.
- Escalabilidad: A medida que aumenta el número de usuarios de una aplicación, el servidor de aplicaciones puede escalarse para satisfacer la demanda. Esto significa que puede agregar más recursos informáticos al servidor para que pueda manejar más usuarios sin afectar el rendimiento.

- Disponibilidad: El servidor de aplicaciones puede configurarse para que sea altamente disponible, lo que significa que la aplicación estará disponible para los usuarios la mayor parte del tiempo, incluso si hay un fallo en el hardware o el software.

Un servidor de aplicaciones Gunicorn se utiliza para ejecutar aplicaciones web Python. Es un servidor WSGI (Web Server Gateway Interface) de alto rendimiento, lo que significa que puede manejar muchas solicitudes de usuarios al mismo tiempo de manera eficiente. WSGI (Web Server Gateway Interface) proporciona un conjunto de reglas para estandarizar el comportamiento y la comunicación entre Servidores Web y Aplicaciones Web. Mediante el uso de Servidores y Aplicaciones Web compatibles con WSGI, los desarrolladores pueden concentrar su tiempo y energía en el desarrollo de Aplicaciones Web en lugar de administrar la comunicación entre la Aplicación y el Servidor Web.

El Servidor de Aplicaciones Gunicorn recibe las peticiones del cliente, a través del Servidor Web, y las transforma para que se ejecute el código correspondiente de la Aplicación Flask. Gunicorn pude escalar con varios "workers" trabajando en paralelo, conectándose con nuestra Aplicación Web de Flask. Los "workers" de Gunicorn son procesos que se ejecutan en paralelo y se encargan de manejar las solicitudes de los clientes. Cada "worker" de Gunicorn es esencialmente una instancia separada de la aplicación web que se ejecuta en su propio proceso. Esto permite que Gunicorn procese varias solicitudes al mismo tiempo y mejore el rendimiento y la capacidad de respuesta de la aplicación. La cantidad de "workers" de Gunicorn que se deben utilizar depende del tamaño y la complejidad de la aplicación web, así como de la cantidad de solicitudes que se esperan recibir. En general, se recomienda utilizar varios "workers" para maximizar el rendimiento de la aplicación. Sin embargo, también es importante tener en cuenta que cada "worker" consume recursos de la CPU y la memoria, por lo que utilizar demasiados "workers" puede llevar a problemas de rendimiento y estabilidad.

En resumen, en el primer nivel está el Servidor Web Nginx que manejará muchas solicitudes de imágenes y recursos estáticos. Las solicitudes que deben generarse dinámicamente se pasarán al Servidor de Aplicaciones Gunicorn. Principalmente, Gunicorn está pensado para:

- Ejecutar un grupo de procesos/subprocesos de trabajo
- Traducir las solicitudes procedentes de Nginx (u otro servidor web) para que sean compatibles con WSGI (Web Server Gateway Interface).
- Llamar al código de Python cuando llega una solicitud
- Traducir las respuestas WSGI de su Aplicación Web de Flask en respuestas HTTP adecuadas

Aplicación Web de Flask

La estructura de una aplicación web de Flask generalmente consiste en un archivo principal de Python que define la aplicación, junto con varios archivos de plantilla HTML que se utilizan para renderizar páginas web dinámicas. Los archivos de plantilla suelen contener código HTML, junto con instrucciones de Flask que permiten acceder a los datos y funcionalidades de la aplicación.

Introducción

A la hora de la implantación en un servidor de producción los pasos que seguiremos serán los siguientes:

- Se instalará un servidor de bases de datos MySQL, se creará un usuario 'lsi' de MySQL dedicado y otorgando privilegios sobre la base de datos, y finalmente se ejecutará el script.sql de creación de la base de datos.
- Se instalará la Aplicación Web en la nueva ubicación en el servidor de producción: creando las carpetas, copiando los ficheros, creando el entorno de python e instalando los módulos de python necesarios
- Se ejecutará la Aplicación para ver que funciona con el servidor local de Flask

- Se pasará la propiedad y permisos a <www-data> que es el usuario con el que se ejecutará la aplicación en el servidor de producción
- Se instalará, testeará y monitorizará el Servidor Web NGINX para producción
- Se instalará, configurará y creará el servicio de Gunicorn-Flask
- Se configurará el Servidor Web NGINX como proxy inverso: asignándole un puerto distinto de escucha o un nuevo nombre de dominio.

Instalación de un servidor de bases de datos MySQL y creación de una base de datos en el servidor de producción

Se instalará un servidor de bases de datos MySQL, se creará un usuario 'lsi' de MySQL dedicado y otorgando privilegios sobre la base de datos, y finalmente se ejecutará el script.sql de creación de la base de datos. Para ello volver a repetir los pasos de 1, 2 y 3 de "Formulario de citas con Flask Python" en el servidor de producción:

1. Instalando y configurando un servidor de bases de datos MySQL.
2. Creando un usuario de MySQL dedicado y otorgando privilegios
3. Creando la base de datos "invitados" y una tabla "clientes" que contendrá las citas.

Instalación la Aplicación Web en la nueva ubicación en el servidor de producción

Creando las carpetas destino

En el servidor de producción la Aplicación Web se ubicará en la carpeta "/var/www/formulariocitas":

```
$sudo rm -r /var/www/formulariocitas
$sudo mkdir -p /var/www/formulariocitas/templates
```

Dando permisos al usuario y grupo

En la carpeta /var/www/formulariocitas, no tendremos permisos de usuario normal, para que podamos trabajar sin usar sudo, vamos a coger la propiedad de dicha carpeta usando el comando chown:

```
$sudo chown -R $USER:$USER /var/www/formulariocitas
```

Copiamos los ficheros

Vamos a copiar los ficheros app.py, requiremets.txt, y las plantillas html que están en "templates":

Empaqueta y comprime los ficheros <app.py>, <script.sql> y <requirements.txt> como el contenido de las carpeta <templates> de la carpeta origen a un fichero con nombre "/home/$USER/formulariocitas.tar.gz".

```
cd /home/$USER/formulariocitas
tar cvzf /home/$USER/formulariocitas.tar.gz app.py script.sql requirements.txt templates/*
```

Y vamos a descomprimir y desempaquetar en la carpeta destino /var/www/formulariocitas:

```
$cd /var/www/formulariocitas
$tar xvzf /home/$USER/formulariocitas.tar.gz
```

Creando el entorno virtual

Ahora creamos el entorno virtual de Python donde se ejecutará la aplicación de manera aislada:

```
$cd /var/www/formulariocitas
$python3 -m venv venv
```

Instalando los módulos de python

Vamos a instalar las dependencias o las librerías que necesita la aplicación que las hemos desde el fichero requirements.txt:

```
$source venv/bin/activate
(venv)$pip install -r requirements.txt
```

Probando

Para ver que la aplicación funciona en la nueva ubicación vamos a ejecutarla:

```
(venv)$python3 app.py
 * Serving Flask app 'app'
 * Debug mode: on
WARNING: This is a development server. Do not use it in a production deployment. Use a
production WSGI server instead.
 * Running on http://127.0.0.1:5000
Press CTRL+C to quit
 * Restarting with stat
 * Debugger is active!
 * Debugger PIN: 130-443-997
```

Instalación, testeo y monitorización del Servidor Web NGINX

La instalación se realizará en cualquier ordenador que disponga del sistema operativo Ubuntu 22.04 LTS. En este apartado en primer lugar se va a instalar el servidor Web NGINX y comentamos el fichero de configuración por defecto del servidor web NGINX. En segundo lugar, arrancamos el servicio, y probamos que funciona correctamente. En tercer lugar vamos a personalizar la página web de inicio <index.html>. Y finalmente terminaremos monitorizando el servicio.

Instalando el Servidor Web NGINX

Con el siguiente comando se instala el servidor web NGINX:

```
sudo apt update
sudo apt install nginx
```

Nginx instala una aplicación web con una configuración, carpeta y fichero html por defecto. El fichero de configuración por defecto se guarda en </etc/nginx/sites-available/default>. El contenido de </etc/nginx/sites-available/default> después de quitar los comentarios (las líneas que empiezan con #) quedaría:

```
server {
    listen 80 default_server;
    listen [::]:80 default_server;
    root /var/www/html;
    index index.html index.htm index.nginx-debian.html;
    server_name _;
    location / {
        try_files $uri $uri/ =404;
    }
}
```

La directiva de <*listen*> informa a NGINX sobre el nombre de host/IP y el puerto TCP, por lo que reconoce dónde debe escuchar las conexiones HTTP. El argumento <default_server> significa que este host virtual responderá solicitudes localhost en el puerto 80. El localhost es el ordenador o dispositivo local que estás usando, y tiene asignada la dirección IP <127.0.0.1>. Las direcciones IPv6 (0.7.36) se especifican entre corchetes [::].

La directiva <*root*> se asocia con la carpeta raíz </var/www/html> a dónde irá a buscar alguno de los ficheros añadidos en la directiva <*index*> en dicho orden de secuencia. En caso de buscar <index.html> mostrará dicho fichero, en caso de no encontrarlo buscará <index.htm> y finalmente en caso de que no encuentre ninguno de los anteriores irá a buscar el fichero <index.nginx-debian.html>.

```
ls /var/www/html
index.nginx-debian.html
```

La directiva <*server_name*> permite atender una cantidad de dominios, por ejemplo, "server_name www.ejemplo1.com ejemplo1.com;" desde una sola dirección IP, y el servidor determinará a qué dominio atenderá de acuerdo con el encabezado de la solicitud recibida. Al utilizar < _ > en vez de uno o varios dominios, significa "_" actúa como comodín y coincide con cualquier nombre de host o dirección IP. Esto significa que este servidor predeterminado maneja cualquier solicitud que no coincida con una configuración de bloque de servidor más específica.

Este bloque <location> :

```
location / {
        try_files $uri $uri/ =404;
    }
```

El bloque location / aplica la siguiente regla para cualquier solicitud con una ruta que comience con /. Intenta servir el archivo exacto ($uri) o la lista del directorio ($uri/) si no existe el archivo. Si no se encuentra ninguno, devuelve un error 404.

En resumen, por defecto NGINX asocia <localhost> o <localhost:80> a la carpeta raíz </var/www/html> y fichero <index.nginx-debian.html>. Si configuras tu ordenador como un servidor web, al acceder al localhost podrás entrar en la página web que tengas almacenada localmente, como si estuviese colgada en Internet, pero sin necesidad de estar conectado y sin que nadie más pueda acceder a esta página. Esto es muy útil, por ejemplo, si estás creando una página web y necesitas hacer modificaciones y ver cómo quedan, antes de subirla a la Red.

Arrancando y testeando el servicio nginx
Ahora tiene nginx instalado en su servidor pero no está listo para servir páginas web. Tienes que iniciar el servicio nginx. Puedes hacer esto usando este comando:

```
sudo systemctl start nginx
sudo systemctl status nginx
```

Nota: En caso de no arrancar el servicio NGINX, puede ser que tengamos otro Servidor Web instalado como Apache que ya esté escuchando por el puerto 80. Para comprobar que Apache no está activo:

```
sudo systemctl status apache2
```

En caso afirmativo para dicho servicio Apache y arranca nginx después con el siguiente comando:

```
sudo systemctl stop apache2
sudo systemctl start nginx
```

Si se desea que un demonio se inicie o no automáticamente al iniciar el sistema se utilizará el comando *systemctl*.
- Desactivar el inicio automático del demonio (nginx):

```
$ sudo systemctl disable nginx
```
- Activar el inicio automático del demonio (nginx):

```
$ sudo systemctl enable nginx
```

Los servicios o demonios como Nginx es conveniente saber cómo: parar, iniciar, ver su estado,...(para más información consulta Anexo II)

Testeando si el servicio nginx está escuchando por el puerto 80
Es posible que tengas que instalar el paquete net-tools que contiene el comando netstat con:

```
sudo apt install net-tools
```

Por defecto nginx suele estar escuchando por el puerto 80. Utiliza el comando <sudo netstat -anp | grep nginx> para comprobar que está escuchando por el puerto 80:

```
sudo netstat -anp | grep nginx

tcp     0   0 0.0.0.0:80        0.0.0.0:*          ESCUCHAR   1495/nginx: master

tcp6    0   0 :::80             :::*               ESCUCHAR   1495/nginx: master

unix 3  []      FLUJO    CONECTADO    49305   1495/nginx: master

unix 3  []      FLUJO    CONECTADO    49296   1495/nginx: master
```

Visualizando la hoja web por defecto
Nginx en Ubuntu 22.04 tiene habilitado un bloque de servicio por defecto, que está configurado para suministrar documentos desde el directorio </var/www/html> al introducir la dirección o http://localhost en el http://127.0.0.1
*html*navegador. El nginx va a buscar un fichero llamado <*index.*>, <*index.htm*> o <*index.nginx-debian.html*>, *por ese orden,* que pueda estar en la carpeta </var/www/html> según está definido en el fichero de configuración <*/etc/nginx/sites-available/default*> .

```
firefox http://127.0.0.1
```

Al introducir la url, se visualiza la página web *index.nginx-debian.html*:

Welcome to nginx!

If you see this page, the nginx web server is successfully installed and working. Further configuration is required.

> For online documentation and support please refer to nginx.org.
>
> Commercial support is available at nginx.com.
>
> *Thank you for using nginx.*

Nota: En caso de visualizar la hoja de Apache, se recomienda borrarla con el siguiente comando: <sudo rm /var/www/html/index.html> y vuelve a intentar cargar la dirección <http://127.0.0.1> otra vez.

Creando un index.html personalizado

Podemos personalizar la página de inicio, creando un <index.html> personalizado (para saber más sobre las etiquetas HTML ver Anexo III)

sudo gedit /var/www/html/index.html

```html
<!DOCTYPE html>
<html>
<head>
<title>NOMBRE DEL GRUPO</title>
</head>
<body>
<center>
    <h1>NOMBRE DEL GRUPO</h1>
</center>

<table border="5" bordercolor="red" align="center">
    <tr>
        <th colspan="3">NOMBRE DEL GRUPO</th>
    </tr>
    <tr>
        <th>Nombre</th>
        <th>Apellidos</th>
        <th>Foto</th>
    </tr>
    <tr>
        <td> Kepa</th>
        <td>Bengoetxea Kortazar</th>
        <td border=3 height=100 width=100>Photo1</th>
    </tr>
</table>
<center>
    El cabeza de grupo es Kepa Bengoetxea
</center>
</body>
<html>
```

En la página web de arriba se muestra una tabla HTML que contenga los miembros de un grupo de desarrolladores donde el cabeza de grupo es el autor.

Una vez que se haya editado, se puede visualizar el fichero <index.html> con firefox.

firefox http://127.0.0.1/index.html

ⓘ **localhost**/index.html

Tube ♀ Maps 🖺 Traducir 🚺 Educamos - H... ❸ Contactos de... 🖾 Google Calend... 🍥 Battle of the T...

NOMBRE DEL GRUPO

NOMBRE DEL GRUPO		
Nombre	Apellidos	Foto
Kepa	Bengoetxea Kortazar	Photo1

El cabeza de grupo es Kepa Bengoetxea

Monitorizando el servicio NGINX

Si encuentra algún error, intente verificar lo siguiente:

- Verifica los registros de error de Nginx:

```
sudo less /var/log/nginx/error.log
```

- Verifica los registros de acceso de Nginx:

```
sudo less /var/log/nginx/access.log
```

- Verifica los registros de proceso de Nginx:

```
sudo journalctl -u nginx
```

Instalación, configuración y control del servicio Gunicorn-Flask

En este apartado en primer lugar se va a instalar Gunicorn en el entorno virtual de la aplicación de Python-Flask. En segundo lugar creamos un punto de entrada para la aplicación en gunicorn, y probamos que funciona correctamente. En tercer lugar vamos a gestionar o controlar el servicio gunicorn-flask mediante el demonio systemd. Y finalmente terminaremos monitorizando el servicio gunicorn-flask con journalctl.

Instalando Gunicorn en el entorno virtual de la aplicación

A continuación vamos a instalar el Servidor de Aplicaciones Gunicorn en el entorno virtual de nuestro proyecto:

```
$cd /var/www/formulariocitas
$source venv/bin/activate
(venv)$pip install gunicorn
```

Creando un punto de entrada para nuestra aplicación en Gunicorn

Crearemos un archivo <wsgi.py> que servirá como punto de entrada para nuestra aplicación. Esto indicará a nuestro Servidor de Aplicaciones Gunicorn cómo interactuar con nuestra Aplicación de Flask.

gedit /var/www/formulariocitas/wsgi.py

```
from app import app
if __name__ == "__main__":
    app.run()
```

En él, importamos la instancia <app> de Flask de <app.py> y posteriormente la ejecutamos.
En <wsgi.py> quedará, así, escrito el punto de entrada establecido.
Antes de continuar, debemos comprobar que Gunicorn pueda proveer correctamente la Aplicación de Flask. Podemos hacerlo pasando a Gunicorn el nombre de nuestro punto de entrada (menos la extensión .py), es decir, <wsgi> más el nombre del elemento invocable o instancia de Flask, en nuestro caso, <app>.
También especificaremos la interfaz (127.0.0.1) y el puerto (5000) que se vinculan para que la aplicación se inicie en una interfaz. Verifique si Gunicorn puede servir la aplicación correctamente usando el siguiente comando:

gunicorn --bind 127.0.0.1:5000 wsgi:app

```
(venv) /var/www/formulariocitas$ gunicorn --bind 127.0.0.1:5000 wsgi:app
```

salida:

```
[2024-02-13 16:33:25 +0100] [12191] [INFO] Starting gunicorn 20.1.0
[2024-02-13 16:33:25 +0100] [12191] [INFO] Listening at: http://127.0.0.1:5000 (12191)
[2024-02-13 16:33:25 +0100] [12191] [INFO] Using worker: sync
[2024-02-13 16:33:25 +0100] [12192] [INFO] Booting worker with pid: 12192
```

Ya no da ningún WARNING!!!!!

Una vez puesto en marcha el servicio, se visitará la página web http://127.0.0.1:5000/ para ver el resultado.

salida:

Finalmente, se cierra el servicio pulsando CTRL-C en la ventana de su terminal:

```
^C[2024-02-13 16:35:16 +0100] [12191] [INFO] Handling signal: int
[2024-02-13 16:35:16 +0100] [12192] [INFO] Worker exiting (pid: 12192)
[2024-02-13 16:35:16 +0100] [12191] [INFO] Shutting down: Master
```

Y se sale del entorno virtual de python:

```
deactivate
```

Pasando la propiedad y permisos a www-data
Vamos a pasar la propiedad del proyecto al usuario-grupo www-data. www-data es el usuario que los servidores web y aplicaciones en Ubuntu (apache, nginx, gunicorn, …) usan por defecto para el funcionamiento normal. El servidor web y de aplicaciones puede acceder a cualquier archivo al que www-data pueda acceder.

Establezca la propiedad a usuario y grupo www-data que será el usuario con lo que nginx y gunicorn lo ejecutarán.

```
sudo chown -R www-data:www-data /var/www/formulariocitas
```

La carpeta </var/www/formulariocitas> es donde se ubica el proyecto.

ls -lias /var/www/formulariocitas
salida:

```
32779693 4 -rw-rw-r-- 1 www-data www-data  731 mar  5 20:04 app.py
32784878 4 -rw-rw-r-- 1 www-data www-data   81 mar  9 10:36 datos_guardados.txt
32770613 4 drwxrwxr-x 2 www-data www-data 4096 mar  9 10:34 __pycache__
32780531 4 drwxrwxr-x 2 www-data www-data 4096 mar  5 20:31 templates
32770603 4 drwxrwxr-x 5 www-data www-data 4096 mar  5 16:12 venv
32768163 4 -rw-rw-r-- 1 www-data www-data   62 mar  9 10:34 wsgi.py
```

La propiedad ha sido transferida al <usuario:grupo> <www-data:www-data>.
Establezca los permisos apropiados para el proyecto:

```
sudo chmod -R 755 /var/www/formulariocitas
```

Controlando el servicio gunicorn-flask con systemd

Cuando implementa su aplicación en un servidor, debe asegurarse de que la aplicación se ejecute sin interrupciones. Si la aplicación falla, querrá que se reinicie automáticamente y si el servidor experimenta un corte de energía, querrá que la aplicación se inicie inmediatamente una vez que se restablezca la energía. Básicamente, lo que necesita es algo que vigile la aplicación y la reinicie si alguna vez descubre que ya no se está ejecutando.
Systemd se configura a través de entidades llamadas unidades. Hay varios tipos de unidades: servicios, sockets, dispositivos, temporizadores y algunos más. Para los servicios, los archivos de configuración de la unidad deben tener una extensión .service.
sudo gedit /etc/systemd/system/formulariocitas.service

```
[Unit]
Description=Gunicorn instance to serve Flask
After=network.target

[Service]
User=www-data
Group=www-data
WorkingDirectory=/var/www/formulariocitas
Environment="PATH=/var/www/formulariocitas/venv/bin"
ExecStart=/var/www/formulariocitas/venv/bin/gunicorn --bind 127.0.0.1:5000 wsgi:app
Restart=always

[Install]
WantedBy=multi-user.target
```

El archivo de configuración del servicio wsgi de Flask, tiene las siguientes secciones:

- La sección [Unit] es común a los archivos de configuración de unidades de todo tipo. Se utiliza para configurar información general sobre la unidad y cualquier dependencia que ayude a systemd a determinar el orden de inicio. En el ejemplo se incluye una descripción para el servicio y también especificó que quiero que mi aplicación se inicie después de que se inicie el subsistema de red, ya que es una aplicación web.

- La sección [Service] es donde se incluyen los detalles específicos de la aplicación. Estoy usando las opciones más comunes para definir el usuario bajo el cual ejecutar el servicio, el directorio de inicio, el entorno, y el comando de ejecución. La opción <Restart> le dice a <systemd> que, además de iniciar el servicio cuando se inicia el sistema, quiero que la aplicación se reinicie si se cierra. Esto se ocupa de bloqueos u otros problemas inesperados que pueden forzar la finalización del proceso.

- Finalmente, la sección [Install] configura cómo y cuándo se debe habilitar la unidad. Al agregar la línea <WantedBy=multi-user.target>, le digo a <systemd> que active esta unidad cada vez que el sistema se ejecuta en modo multiusuario, el modo normal en que un servidor Unix comienza cuando está operativo.

Los archivos de configuración de la unidad se agregan en el directorio </etc/systemd/system> para que <systemd> los vea. Cada vez que agregue o modifique un archivo de unidad, debe indicarle a <systemd> que actualice su configuración:

```
sudo systemctl daemon-reload
```

Lo siguiente será arrancar el servicio formulariocitas.service

```
sudo systemctl start formulariocitas
```

También se habilitará el demonio para que se inicie automáticamente al iniciar el sistema utilizando el comando systemctl.

```
sudo systemctl enable formulariocitas
```
salida:
```
Created symlink /etc/systemd/system/multi-user.target.wants/formulariocitas.service →
/etc/systemd/system/formulariocitas.service.
```

Y finalmente se verificará el estado del demonio flask para saber si está arrancado y activo.
```
systemctl status formulariocitas
```

Monitorizando el servicio gunicorn con journalctl

Systemd tiene un subsistema de registro llamado journal, implementado por el journald daemon, que recopila registros de todas las unidades systemd que se están ejecutando. El contenido del diario se puede ver usando la utilidad journalctl. Aquí hay algunos comandos de ejemplo para el acceso común al registro:

- Vea los registros del servicio de formulariocitas:

```
$ journalctl -u formulariocitas
```

- Vea las últimas 25 entradas de registro para el servicio:

```
$ journalctl -u formulariocitas -n 25
```

- Vea los registros del servicio de los últimos cinco minutos:

```
$ journalctl -u formulariocitas --since=-5m
```

- Siga los registros para el servicio de flask:

```
$ journalctl -u formulariocitas -f
```

Hay muchas más opciones disponibles. Ejecuta journalctl --help para ver un resumen de opciones más completo.

Configuración de NGINX como proxy inverso

Cambiando la configuración de Nginx a un puerto distinto

Un proxy inverso hace que distintos servidores y servicios se muestren como una sola unidad. Le permite ocultar varios servidores distintos detrás del mismo nombre.

En una red informática, un proxy inverso básico se sitúa entre un grupo de servidores y los clientes que desean utilizarlos. Un cliente es cualquier hardware o software que pueda enviar solicitudes a un servidor. El proxy inverso transmite todas las solicitudes de los clientes a los servidores y también entrega todas las respuestas y servicios procedentes de los servidores de vuelta a los clientes. Desde el punto de vista del cliente, parece que todo procede del mismo lugar.

Ya tenemos definido un sitio web por defecto, pero en caso de querer alojar más sitios web en el mismo servidor es una buena idea crear un *host* virtual para cada aplicación web que tengamos. Un *host* virtual es una directiva de configuración de nginx que nos va a permitir ejecutar más de un sitio web en un solo servidor. Al crear un host virtual vamos a poder especificar la carpeta raíz donde tenemos alojada la aplicación y asociarla a un dominio (http://www.ehu.eus), o asociarla a un puerto distinto del puerto 80 por defecto (http://localhost:8080) y mucho más. Para asociar un directorio a un dominio es necesario registrar el dominio en Internet. Y para ello no será suficiente con tener que pagar el dominio en nuestro poder. El dominio elegido ya estaría registrado, pero esto no quiere decir que sea visible. El siguiente paso es configurar el dominio para que redireccione a la IP correcta. Esta IP se encuentra mediante el sistema de nombres de dominio (conocido como servidor DNS). Normalmente, este paso requiere un tiempo de espera que varía según la categoría de dominio. En este proceso, el registrador -o empresa registradora, es decir, la que se ha utilizado para comprar el dominio- se pone en contacto con la ICCAN (Corporación de Internet para la Asignación de Nombres y Números). Una vez realizado esto, el dominio funciona y se vería la IP asignada en el servidor DNS. Como esta opción nos sale cara :D. Vamos a asociar la raíz del sitio web </var/www/formulariocitas> que contiene nuestra aplicación a otro puerto, más concretamente al puerto 8080.

Editando un fichero .conf en la carpeta </etc/nginx/conf.d>

A continuación, se va a configurar Nginx para que funcione como un *proxy* inverso para servir la aplicación Flask a través del puerto 8080 creando un host virtual. Para hacerlo, cree un archivo de configuración de *host* virtual de Nginx:

sudo gedit /etc/nginx/conf.d/formulariocitas.conf

```
server {
    listen 8080;
    server_name localhost;
    location / {
        proxy_pass http://127.0.0.1:5000;
    }
}
```

Vamos a explicar cómo funcionan las directivas:
- La directiva *listen* especifica una combinación de dirección IP/puerto o un puerto solitario que escuchará cada interfaz en ese puerto.
- la directiva *server_name* específica el nombre de la máquina o dominio
- la directiva *proxy_pass* específica donde está alojado el servidor de aplicaciones a donde se reenviará la petición del cliente. En nuestro caso 127.0.0.1:5000.

A continuación, compruebe que no haya errores de sintaxis en ninguno de sus archivos de Nginx:

```
sudo nginx -t
```

salida:

```
nginx: the configuration file /etc/nginx/nginx.conf syntax is ok
nginx: configuration file /etc/nginx/nginx.conf test is successful
```

Obligando a NGINX a cargar los nuevos cambios de la configuración

Para obligar a NGINX a cargar los nuevos cambios de la configuración:

```
sudo systemctl reload nginx
```

Rearrancando el servicio nginx:

Rearrancamos el servicio nginx:

```
sudo systemctl restart nginx
```

Testeando el virtual host creado
Y finalmente testeamos que todo funciona:

```
firefox http://127.0.0.1:8080 or firefox http://localhost:8080/
```

Eureka!!! Finalmente tenemos un aplicación web correctamente instalada en un servidor de producción.

← → ✕ ⓘ 127.0.0.1:8888

┌─ Datos de Formulario ──────────────────────
Tu telefono:
Escribe el teléfono aquí...
Tu nombre:
Escribe el nombre aquí...
Tu apellido:
Escribe el apellido aquí...
Enviar

Conclusión

En resumen, hemos terminado de crear los ficheros necesarios (app.py, formulariocitas.service y formulariocitas.conf) para poner en marcha de una manera eficiente una arquitectura web para un entorno de producción:

Bibliografía

Bengoetxea Kortazar, KX. y Perona Balda, I. (2021). Gestionando Ubuntu desde la línea de comandos: Con ejercicios prácticos resueltos. España: Publicación Independiente. Edición Kindle. Recuperado de https://www.amazon.com.

Tagliaferri, L. y Horcasitas, J. (23 de marzo, 2022). How To Install Python 3 and Set Up a Local Programming Environment on Ubuntu 20.04. https://www.digitalocean.com/community/tutorials/how-to-install-python-3-and-set-up-a-local-programming-environment-on-ubuntu-20-04

Dyouri, A. (19 de mayo de 2020). Cómo crear una aplicación Web usando Flask en Python 3. https://www.digitalocean.com/community/tutorials/how-to-make-a-web-application-using-flask-in-python-3-es

Camisso, J. y Juell, K. (11 de junio, 2020). Cómo presentar aplicaciones de Flask con Gunicorn y Nginx en Ubuntu 20.04. https://www.digitalocean.com/community/tutorials/how-to-serve-flask-applications-with-gunicorn-and-nginx-on-ubuntu-20-04-es

Lozano, JJ. Tutorial Flask – Lección 17: Desplegar una aplicación Flask en producción con Nginx + Gunicorn. j2logo. https://j2logo.com/tutorial-flask-leccion-17-desplegar-flask-produccion-nginx-gunicorn/

Wilson, J. (23 de febrero de 2022). How to Deploy Flask Application with Nginx and Gunicorn on Ubuntu 20.04. https://www.rosehosting.com/blog/how-to-deploy-flask-application-with-nginx-and-gunicorn-on-ubuntu-20-04/

Explicación de los servidores proxy inversos: qué son y cómo se utilizan. Avast. Academy. https://www.avast.com/es-es/c-what-is-a-reverse-proxy

Ellingwood, J. (30 de agosto de 2021). Understanding Nginx Server and Location Block Selection Algorithms. https://www.digitalocean.com/community/tutorials/understanding-nginx-server-and-location-block-selection-algorithms)

Schleder, PH. (28 de abril de 2021). Logs with Flask and Gunicorn. Linkedin.
https://www.linkedin.com/pulse/logs-flask-gunicorn-pedro-henrique-schleder

Stringer, T. (1 de Junio de 2020). Logging, Flask, and Gunicorn... the Manageable Way.
https://trstringer.com/logging-flask-gunicorn-the-manageable-way/

Anexos

Anexo I. Entorno Virtual para Desarrollo

¿Qué es un entorno virtual de python?

Un entorno virtual es un entorno Python en el que el intérprete Python, las bibliotecas y los scripts instalados en él están aislados de los instalados en otros entornos virtuales, y sistema operativo.

¿Para qué se utiliza un entorno virtual?

Para evitar problemas con otras aplicaciones de Python utilizadas en el servidor. Es una buena práctica tener múltiples entornos virtuales de Python para cada proyecto. La ventaja de un entorno virtual es que te permite tener varias instalaciones funcionales de Python en una misma máquina. Por lo que te permite trabajar con diferentes versiones de librerías y paquetes. Los entornos virtuales le permiten tener un espacio aislado en su computadora para los proyectos de Python, lo que garantiza que cada uno de sus proyectos pueda tener su propio conjunto de dependencias que no interrumpirán ninguno de sus otros proyectos.

La configuración de un entorno de programación brinda un mayor control sobre los proyectos de Python y sobre cómo se manejan las diferentes versiones de los paquetes. Esto es especialmente importante cuando se trabaja con paquetes de terceros.
Puede configurar tantos entornos de programación de Python como desee. Cada entorno es

básicamente un directorio o carpeta en su computadora que tiene algunos scripts para que actúe como un entorno.

Un entorno virtual es una combinación única de un intérprete de Python específico y un conjunto de bibliotecas específico distinto de otros entornos globales. Un entorno virtual es específico a un proyecto y se mantiene en una carpeta de proyecto. Esta carpeta contiene las bibliotecas instaladas del entorno junto con un archivo pyvenv.cfg (un archivo de configuración que almacena información sobre el entorno virtual, como el Python original del que se clonó el entorno y que proporcionará la biblioteca estándar; y la versión del intérprete, es decir, un entorno virtual no contiene una copia del intérprete, sólo un vínculo con él).

Una ventaja de usar un entorno virtual es que, a medida que se desarrolla el proyecto a lo largo del tiempo, el entorno virtual siempre refleja las dependencias exactas del proyecto. (Por otra parte, un entorno global compartido, contiene cualquier número de bibliotecas independientemente de si se usan en el proyecto o no). A continuación, puede crear fácilmente un archivo requirements.txt desde el entorno virtual, que después se usa para volver a instalar esas dependencias en otro equipo de desarrollo o producción. Si comparte un proyecto con otros usuarios, usa un sistema de compilación o pretende copiar el proyecto en cualquier otra ubicación donde necesita restaurar un entorno, necesita especificar los paquetes externos que dicho proyecto requiere. El enfoque recomendado es usar un archivo con el nombre "requirements.txt" que contiene una lista de comandos para "pip" que instala las versiones necesarias de los paquetes dependientes. El comando más común es "pip freeze > requirements.txt", que registra la lista de paquetes actual del entorno en requirements.txt. Y posteriormente puede usar "pip install -r requirements.txt" para restaurar los paquetes.

¿Cómo se configura un entorno virtual de python?

Si bien hay diferentes paquetes para lograr un entorno de programación en Python, aquí se utiliza el módulo <python3-venv>, que es parte de la biblioteca estándar de Python 3:

```
sudo apt install python3-venv
```

¿Cómo se crea un entorno virtual de python dentro de un proyecto?

Una vez instalado el paquete <python3-venv> linux está listo para crear entornos. El entorno virtual de python se crea en la carpeta de proyecto. Por ejemplo vamos a crear el proyecto <holamundo> en la carpeta personal del usuario $USER </home/$USER/holamundo/>

```
mkdir  /home/$USER/holamundo
```

Se hace un cambio de directorio:

```
cd /home/$USER/holamundo
```

Con el siguiente comando se crea la carpeta <venv> que contendrá el entorno de python con sus librerías:

```
python3 -m venv venv
```

Esencialmente, el comando crea un nuevo directorio que contiene algunos elementos como la carpeta <lib>, donde se guardan las librerías que se instalarán con pip. O la carpeta <bin> donde se instalan ciertos scripts que se utilizaran para activar o desactivar el entorno.

Estos elemento se pueden ver con el comando <ls -lias>:

```
ls -lias /home/$USER/holamundo/venv
total 24
23199968 4 drwxrwxr-x 5 kepa kepa 4096 feb  9 09:54 .
23199967 4 drwxrwxr-x 3 kepa kepa 4096 feb  9 09:54 ..
23199974 4 drwxrwxr-x 2 kepa kepa 4096 feb  9 09:54 bin
23199969 4 drwxrwxr-x 2 kepa kepa 4096 feb  9 09:54 include
23199970 4 drwxrwxr-x 3 kepa kepa 4096 feb  9 09:54 lib
23199973 0 lrwxrwxrwx 1 kepa kepa    3 feb  9 09:54 lib64 -> lib
23199975 4 -rw-rw-r-- 1 kepa kepa   70 feb  9 09:54 pyvenv.cfg
```

Estos archivos funcionan para asegurarse de que sus proyectos estén aislados del contexto más amplio de su máquina local, de modo que los archivos del sistema y los archivos del proyecto no se mezclen. Esta es una buena práctica para el control de versiones y para garantizar que cada uno de sus proyectos tenga acceso a los paquetes particulares que necesita.
Para usar este entorno, debe activarlo, lo que puede hacer escribiendo el siguiente comando que llama al script de activación:

```
cd /home/$USER/holamundo
source venv/bin/activate
```

Su solicitud ahora tendrá el prefijo del nombre de su entorno, en este caso se llama (venv) . El nombre de su entorno entre paréntesis debería ser lo primero que vea en su terminal:

```
(venv)$
```

¿Cómo se ejecuta un programa "Hola, mundo" dentro del entorno virtual?

gedit holamundo.py &

```
print("Hola mundo!")
```

Para usar este entorno, debe activarlo, lo que puede hacer escribiendo el siguiente comando que llama al script de activación:

```
cd /home/$USER/holamundo
source venv/bin/activate
```

Su solicitud ahora tendrá el prefijo del nombre de su entorno, en este caso se llama (venv) .

Este prefijo nos permite saber que el entorno venv está actualmente activo, lo que significa que cuando ejecutemos programas aquí, sólo usarán la configuración y los paquetes de este entorno en particular.
El nombre de su entorno entre paréntesis debería ser lo primero que vea en su terminal:

```
(venv)$
```

¿Cómo se ejecuta el código python en este entorno virtual?

Si escribimos el comando env podemos apreciar que la variable PATH a cambiado:

```
(venv)$ env
….
PATH=/home/kepa/holamundo/venv/bin:/usr/local/sbin:/usr/local/bin:/usr/sbin:/usr/bin:/sbin:/bin:
/usr/games:/usr/local/games:/snap/bin:/snap/bin
…
```

Y el intérprete de python que va a ejecutar nuestro programa se puede llamar indistintamente como python o python3:

```
(venv)$ ls -lias /home/$USER/holamundo/venv/bin/python
23199977 0 lrwxrwxrwx 1 kepa kepa 7 feb  9 09:54 /home/kepa/holamundo/venv/bin/python ->
python3
```

Ya se puede ejecutar en el entorno:

```
(venv)$ python holamundo.py
ó
(venv)$ python3 holamundo.py
```

Muestra la siguiente salida:

```
Hola mundo!
```

¿Cómo se sale de un entorno virtual?

```
(venv)$ deactivate
$
```

Podemos ver como después de ejecutar la instrucción deactivate, este prefijo desaparece.
Esto nos permite saber que el entorno <venv> no está actualmente activo, lo que significa que cuando ejecutemos programas usarán la configuración y los paquetes del sistema operativo.

```
$env
```

```
...
PATH=/usr/local/sbin:/usr/local/bin:/usr/sbin:/usr/bin:/sbin:/bin:/usr/games:/usr/local/games:/sna
p/bin:/snap/bin
...
```

Anexo II. Gestionando Demonios o Servicios

Systemd es un conjunto de demonios de administración de sistema, bibliotecas y herramientas diseñados como una plataforma de administración y configuración central para interactuar con el núcleo del sistema operativo. *systemd* se puede utilizar como un sistema de inicio de Linux (el proceso *init* llamado por el núcleo de Linux para inicializar el espacio de usuario durante el proceso de arranque de Linux y gestionar posteriormente todos los demás procesos). El nombre *systemd* se adhiere a la convención Unix de distinguir los demonios fácilmente por tener la letra *d* como la última letra del nombre de archivo. Los demonios se manipulan con el comando *systemctl*. Vamos a utilizar el demonio nginx a modo de ejemplo:

- Consultar el estado de un demonio (nginx):

```
$ sudo systemctl status nginx
```

- Detener un demonio (nginx):

```
$ sudo systemctl stop nginx
```

- Iniciar un demonio (nginx):

```
$ sudo systemctl start nginx
```

- Hacerle recargar sus ficheros de configuración al daemon (nginx)

```
$ sudo systemctl reload nginx
```

- Si se desea que un demonio se inicie o no automáticamente al iniciar el sistema se utilizará el comando *systemctl*.
  - Desactivar el inicio automático del demonio (nginx):

```
$ sudo systemctl disable nginx
```

  - Activar el inicio automático del demonio (nginx):

```
$ sudo systemctl enable nginx
```

Anexo III. HTML5

Elementos básicos

El documento html tiene la siguiente estructura de cabecera y cuerpo al realizar un autocompletado en Visual Code:

```
<!DOCTYPE html>
<html lang="en">
<head>
  <meta charset="UTF-8">
```

```
<meta http-equiv="X-UA-Compatible" content="IE=edge">
<meta name="viewport" content="width=device-width, initial-scale=1.0">
<title>Document</title>
</head>
<body>

</body>
</html>
```

A continuación vamos a detallar las diferentes etiquetas:

- Aunque <!DOCTYPE html> no es una de las etiquetas HTML clásicas, DOCTYPE html debe aparecer al principio de los documentos HTML, incluso antes del propio código fuente. DOCTYPE indica qué tipo de documento debe abrir el navegador y qué sintaxis y gramática utiliza su código fuente.
- La etiqueta meta <html lang="en"> se encarga de indicar el idioma en el que está escrita una página. Facilita que los navegadores muestren correctamente el contenido textual de un sitio web.
- La etiqueta de apertura de cabecera <head> incluye información sobre la propia página, como por ejemplo su título, idioma, el autor, codificación del texto, palabras clave, etc. que no se presentarán en la ventana del navegador, salvo el título que aparecerá en la barra de título de la parte superior.
- La etiqueta meta <meta charset="UTF-8"> con atributo <charset> en un documento HTML está el destinado a indicar la codificación de caracteres utilizada. En HTML5 tiene la sintaxis:<meta charset="identificador-juego-de-caracteres">. Por ejemplo, si se utiliza la codificación UTF-8 (estándar en HTML5 reconocido por la RFC 3629 de la Internet Engineering Task Force (IETF) y una de las tres posibilidades de codificación reconocidas por Unicode). De este modo nos aseguramos que el navegador conocerá la codificación de caracteres UTF-8 utilizada antes de que comience a procesar nada. Para que la página web en HTML acepte los caracteres especiales como la "ñ", por ejemplo, o los caracteres acentuados, es necesario ingresar el tipo de codificación de caracteres a utilizar en la página web.
- Cuando escribimos el código html lo primero que hay que hacer para que la hoja web se adapte a los diferentes tamaños de los dispositivos, es que incluya la etiqueta <meta name="viewport"> para controlar el tamaño y la forma de la ventana gráfica en los dispositivos móviles. Un sitio típico optimizado para dispositivos móviles contiene algo como lo siguiente:

```
<meta name="viewport" content="width=device-width, initial-scale=1" />
```

Las propiedades <meta> básicas de la etiqueta "viewport" incluyen:

- width: Controla el tamaño de la ventana gráfica. Se puede establecer en un número específico de píxeles como width=600 o en el valor especial device-width, qué es 100vw el 100 % del ancho de la ventana gráfica. Representa un porcentaje del ancho

del bloque contenedor inicial de la ventana gráfica . 1vw es el 1% del ancho de la ventana gráfica. Por ejemplo, si el ancho de la ventana gráfica es 800px, el valor de 50vw en una propiedad será 400px (mínimo: 1, máximo: 10000 y valores negativos: ignorados).
- initial-scale: Controla el nivel de zoom cuando la página se carga por primera vez (mínimo: 0.1; máximo: 10; predeterminado: 1 y valores negativos: ignorados).

- La etiqueta <title> es una etiqueta de código HTML que le permite darle un título a una página web. Este título se puede encontrar en la barra de título del navegador.
- </head>: Etiqueta de cierre de la cabecera.
- <body>: Etiqueta de apertura del cuerpo. Aquí va el contenido de la página que será lo que se presente en pantalla.
- </body>:Etiqueta de cierre del cuerpo.
- </html>: Etiqueta de cierre del documento.

Vamos a comenzar creando una página con un contenido simple que contenga la frase "¡Hola, Mundo!" en el cuerpo o sección <body> de la página web y que lo muestre en tu navegador.

Creando una tabla

Podemos crear una tabla con HTML5 para personalizar la página de inicio <index.html> utilizando las etiquetas de <https://lenguajehtml.com/html/semantica/etiquetas-html-de-tablas> dentro de <https://lenguajehtml.com/html/>:

sudo gedit /var/www/html/index.html

```
<!doctype html>
<html lang="es">
 <head>
<meta charset="utf-8">
<meta name="viewport" content="width=device-width, initial-scale=1" />
<title>NOMBRE DEL GRUPO</title>
 </head>
 <body>
<center>
   <h1>NOMBRE DEL GRUPO</h1>
</center>
<table border="5" bordercolor="red" align="center">
   <tr>
     <th colspan="3">NOMBRE DEL GRUPO</th>
   </tr>
   <tr>
     <th>Nombre</th>
     <th>Apellidos</th>
     <th>Foto</th>
   </tr>
   <tr>
```

```
    <td> Kepa</th>
    <td>Bengoetxea Kortazar</th>
    <td border=3 height=100 width=100>Photo1</th>
  </tr>
</table>
<center>
    El cabeza de grupo es Kepa Bengoetxea
</center>
  </body>
  <html>
```

En la página web de arriba se muestra una tabla HTML que contenga los miembros de un grupo de desarrolladores donde el cabeza de grupo es el autor.

Una vez que se haya editado, se puede visualizar el fichero <index.html> con firefox.

```
firefox index.html
```

/tabla.html

NOMBRE DEL GRUPO

NOMBRE DEL GRUPO		
Nombre	Apellidos	Foto
Kepa	Bengoetxea Kortazar	Photo1

El cabeza de grupo es Kepa Bengoetxea

Creando un formulario

En la dirección <https://lenguajehtml.com/html/formularios/crear-un-formulario/> se explica el lenguaje HTML que se utiliza para crear un formulario HTML.

Con HTML5 se han agregado nuevos tipos de campo para <input>, los nuevos valores que puede tomar el atributo type para recopilar cierto tipo de información son:

- color.- crea un campo con selector de color, de acuerdo al sistema operativo, aparece una paleta para escoger un color.
- date.- se creará un campo de fecha, en ella se pueden colocar el día, mes y año.
- datetime.- permite ingresar información de hora, minuto y segundo.
- datetime-local.- genera un campo para fecha y hora, podemos colocar en ella el día, mes, año y hora.
- email.- para información de correo electrónico.
- month.- genera un campo para ingresar un mes del año.
- number.- para recopilar datos numéricos.

- range.- crea una barra con un botón desplazable para elegir un rango, por defecto el rango es de 0 a 100.
- search.- para generar una caja de búsqueda.
- tel.- para recopilar información de número telefónico.
- time.- crea un campo para ingresar hora y minuto.
- url.- para información de dirección URL.
- week.- crea un campo para elegir la semana del año.

Con HTML5 se han agregado otros atributos para controlar el resultado final de nuestros formularios.
- autocomplete.- cuando se establece autocomplete activado, el navegador trata de autocompletar los campos que el usuario está completando, basándose en su actividad en el navegador.
- required.- para campos requeridos, sirve para establecer de que el campo debe ser completado obligatoriamente, en caso contrario no será posible enviar la información del formulario.
- placeholder.- generalmente se usa para colocar en su valor un breve texto que indique al usuario el tipo de información que debe colocar en el campo. Se suele usar en elementos <input> y <textarea>.
- autofocus.- sirve para enfocar automáticamente el campo deseado cuando el formulario se carga.
- size.- para establecer el tamaño de los campos, un número de caracteres para campos de texto.
- readonly.- sirve para que la información de un campo no pueda ser modificada, solo de lectura.
- disabled.- este atributo hace que un campo o control quede deshabilitado, de tal manera que no se puede hacer nada con ella.

Se muestra un ejemplo de los nuevos elementos:

```
<form>
 COLOR:<input type="color"/><br><br>
 DATE:<input type="date"/> <br><br>
 DATETIME:<input type="datetime"/> <br><br>
 DATETIME-LOCAL:<input type="datetime-local"/> <br><br>
 EMAIL:<input type="email"/> <br><br>
 MONTH:<input type="month"/> <br><br>
 NUMBER:<input type="number"/>
 SEARCH:<input type="search"/><br><br>
 TEL:<input type="tel"/> <br><br>
 TIME:<input type="time"/> <br><br>
 URL:<input type="url"/> <br><br>
 WEEK:<input type="week"/> <br><br>
 RANGE:<input type="range"/> <br><br>
</form>
```

www.ingramcontent.com/pod-product-compliance
Lightning Source LLC
LaVergne TN
LVHW051615050326
832903LV00033B/4514